改正 市制町村制
【明治44年初版】

田山宗堯 編輯

地方自治法研究
復刊大系〔第二三四巻〕

改正 市制町村制
〔明治四十四年初版〕

日本立法資料全集 別巻
1044

信山社

改正 市制町村制

警眼社發兌

改正 市制町村制

市制

市制町村制

◉市制

明治四十四年四月法律第六十八號

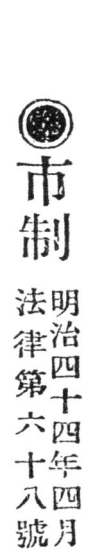

市制

第一章　總則

第一款　市及其ノ區域

第一條　市ハ從來ノ區域ニ依ル

第二條　市ハ法人トス官ノ監督ヲ承ケ法令ノ範圍內ニ於テ其ノ公共事務竝從來法令又ハ慣例ニ依リ及將來法律勅令ニ依リ市ニ屬スル事務ヲ處理ス

第三條　市ノ廢置分合ヲ爲サムトスルトキハ關係アル市町村會及府縣參事會ノ意見ヲ徵シテ內務大臣之ヲ定ム

前項ノ場合ニ於テ財產アルトキハ其ノ處分ハ關係アル市町村會ノ意見ヲ徵シ府縣參事會ノ議決ヲ經內務大臣ノ許可ヲ得テ府縣知事之ヲ定ム

第四條　市ノ境界變更ヲ爲サムトスルトキハ府縣知事ハ關係アル市町村會ノ意見ヲ徵シ府縣參事會ノ議決ヲ經內務大臣ノ許

可ヲ得テ之ヲ定ム所屬未定地ヲ市ノ區域ニ編入セムトスルトキ亦同シ
前項ノ場合ニ於テ財産アルトキ其ノ處分ニ關シテハ前項ノ例ニ依ル
第五條　市ノ境界ニ關スル爭論ハ府縣參事會之ヲ裁定ス其ノ裁定ニ不服アル市町村ハ行政裁判所ニ出訴スルコトヲ得
市ノ境界判明ナラサル場合ニ於テ前項ノ爭論ナキトキハ府縣知事ハ府縣參事會ノ決定ニ付スヘシ其ノ決定ニ不服アル市町村ハ行政裁判所ニ出訴スルコトヲ得
第一項ノ裁定及前項ノ決定ハ文書ヲ以テ之ヲ爲シ其ノ理由ヲ附シ之ヲ關係市町村ニ交付スヘシ
第一項ノ裁定及第二項ノ決定ニ付テハ府縣知事ヨリモ訴訟ヲ提起スルコトヲ得
第六條　勅令ヲ以テ指定スル市ノ區ハ之ヲ法人トス其ノ財産及

營造物ニ關スル事務其ノ他法令ニ依リ區ニ屬スル事務ヲ處理ス

區ノ廢置分合又ハ境界變更其ノ他區ノ境界ニ關シテハ前二條ノ規定ヲ準用ス　但第四條ノ規定ヲ準用スル場合ニ於テハ關係アル市會ノ意見ヲモ徴スヘシ

第七條　市ハ其ノ名稱ヲ變更セムトスルトキハ内務大臣ノ許可ヲ受クヘシ

市役所ノ位置ヲ定メ又ハ之ヲ變更セムトスルトキハ市ハ府縣知事ノ許可ヲ受クヘシ

前條ノ市カ其ノ區ノ名稱ヲ變更シ又ハ區役所ノ位置ヲ定メ若ハ之ヲ變更セムトスルトキハ前項ノ例ニ依ル

第二款　市住民及其ノ權利義務

第八條　市内ニ住所ヲ有スル者ハ其ノ市住民トス

市住民ハ本法ニ從ヒ市ノ財産及營造物ヲ共用スル權利ヲ有シ

市ノ負擔ヲ分任スル義務ヲ負フ

第九條　帝國臣民ニシテ獨立ノ生計ヲ營ム年齡二十五年以上ノ男子二年以來市ノ住民ト爲リ其ノ市ノ負擔ヲ分任シ且其ノ市內ニ於テ地租ヲ納メ若ハ直接國稅年額二圓以上ヲ納ムルトキハ其ノ市公民トス　但貧困ノ爲公費ノ救助ヲ受ケタル後二年ヲ經サル者、禁治產者、準禁治產者及六年ノ懲役又ハ禁錮以上ノ刑ニ處セラレタル者ハ此ノ限ニ在ラス

市ハ前項二年ノ制限ヲ特免スルコトヲ得

家督相續ニ依リ財產ヲ取得シタル者ニ付テハ其ノ財產ニ付被相續人ノ爲シタル納税ヲ以テ其ノ者ノ納稅シタルモノト看做ス

市公民ノ要件中其ノ年限ニ關スルモノハ市町村ノ廢置分合又ハ境界變更ノ爲中斷セラルルコトナシ

市稅ヲ賦課セサル市ニ於テハ市公民ノ要件中市ノ負擔分任ニ關スル規定ヲ適用セス

第十條　市公民ハ市ノ選擧ニ參與シ市ノ名譽職ニ選擧セラルヽ權利ヲ有シ市ノ名譽職ヲ擔任スル義務ヲ負フ

左ノ各號ノ一ニ該當セサル者ニシテ名譽職ノ當選ヲ辭シ又ハ其ノ職ヲ辭シ若ハ其ノ職務ヲ實際ニ執行セサルトキハ市ハ一年以上四年以下其ノ市公民權ヲ停止シ場合ニ依リ其ノ停止期間以內其ノ者ノ負擔スヘキ市稅ノ十分ノ一以上四分ノ一以下ヲ增課スルコトヲ得

一　疾病ニ罹リ公務ニ堪ヘサル者

二　業務ノ爲常ニ市內ニ居ルコトヲ得サル者

三　年齡六十年以上ノ者

四　官公職ノ爲市ノ公務ヲ執ルコトヲ得サル者

五　四年以上名譽職市吏員、名譽職參事會員、市會議員又ハ區會議員ノ職ニ任シ爾後同一ノ期間ヲ經過セサル者

六　其ノ他市會ノ議決ニ依リ正當ノ理由アリト認ムル者

前項ノ處分ヲ受ケタル者其ノ處分ニ不服アルトキハ府縣參事會ニ訴願シ其ノ裁決ニ不服アルトキハ行政裁判所ニ出訴スルコトヲ得

第二項ノ處分ハ其ノ確定ニ至ル迄執行ヲ停止ス

第三項ノ裁決ニ付テハ府縣知事又ハ市長ヨリモ訴訟ヲ提起スルコトヲ得

第十一條　市公民第九條第一項ニ揭ケタル要件ノ一ヲ闕キ又ハ同項但書ニ當ルニ至リタルトキハ其ノ公民權ヲ失フ

市公民租稅滯納處分中ハ其ノ公民權ヲ停止ス家資分散若ハ破產ノ宣告ヲ受ケ其ノ確定シタルトキヨリ復權ノ決定確定スルニ至ル迄又ハ禁錮以上ノ刑ノ宣告ヲ受ケタルトキヨリ其ノ執行ヲ終リ若ハ其ノ執行ヲ受クルコトナキニ至ル迄亦同シ

陸海軍ノ現役ニ服スル者ハ市ノ公務ニ參與スルコトヲ得ス其ノ他ノ兵役ニ在ル者ニシテ戰時又ハ事變ニ際シ召集セラレタ

ルトキ亦同シ

第三款　市條例及市規則

第十二條　市ハ市住民ノ權利義務又ハ市ノ事務ニ關シ市條例ヲ設クルコトヲ得

市ハ市ノ營造物ニ關シ市條例ヲ以テ規定スルモノヽ外市規則ヲ設クルコトヲ得

市條例及市規則ハ一定ノ公告式ニ依リ之ヲ告示スヘシ

第二章　市會

第一款　組織及選擧

第十三條　市會議員ハ其ノ被選擧權アル者ニ就キ選擧人之ヲ選擧ス

議員ノ定數左ノ如シ

一　人口五萬未滿ノ市　三十人

二　人口五萬以上十五萬未滿ノ市　三十六人

三　人口十五萬以上二十萬未滿ノ市　三十九人
四　人口二十萬以上三十萬未滿ノ市　四十二人
五　人口三十萬以上ノ市　四十五人

人口三十萬ヲ超ユル市ニ於テハ人口十萬、人口五十萬ヲ超ユル市ニ於テハ人口二十萬ヲ加フル每ニ議員三人ヲ增加ス

議員ノ定數ハ市條例ヲ以テ特ニ之ヲ增減スルコトヲ得

議員ノ定數ハ總選擧ヲ行フ場合ニ非サレハ之ヲ增減セス　但著シク人口ノ增減アリタル場合ニ於テ內務大臣ノ許可ヲ得タルトキハ此ノ限ニ在ラス

第十四條　市公民ハ總テ選擧權ヲ有ス　但公民權停止中ノ者又ハ第十一條第三項ノ場合ニ當ル者ハ此ノ限ニ在ラス

帝國臣民ニシテ直接市稅ヲ納ムル者其ノ額市公民ノ最多ク納稅スル者三人中ノ一人ヨリモ多キトキハ第九條第一項ノ要件ニ當ラスト雖モ選擧權ヲ有ス　但六年ノ懲役又ハ禁錮以上ノ

刑ニ處セラレタル者及第十一條第二項ノ公民權停止ノ條件又ハ同條第三項ノ場合ニ當ル者ハ此ノ限ニ在ラス

法人ニ關シテモ亦前項ノ例ニ依ル

直接市稅ヲ賦課セサル市ニ於テハ其ノ市內ニ於テ納ムル直接國稅額ニ依リ前二項ノ規定ヲ適用ス

前三項ノ直接市稅及直接國稅ノ納額ハ選擧人名簿調製期日ノ屬スル會計年度ノ前年度ノ賦課額ニ依ルヘシ

第十五條　選擧人ハ分チテ三級トス

選擧人中直接市稅ノ納額最多キ者ヲ合セテ選擧人全員ノ納ムル總額ノ三分ノ一ニ當ルヘキ者ヲ一級トス但一級選擧人ノ數議員定數ノ三分ノ一ヨリ少キトキハ納額最多キ者議員定數ノ三分ノ一ト同數ヲ以テ一級トス

一級選擧人ヲ除クノ外直接市稅ノ納額最多キ者ヲ合セテ選擧人全員ノ納ムル直接市稅ノ總額中一級選擧人ノ納ムル額ヲ除

キ其ノ殘額ノ半ニ當ルヘキ者ヲ二級トシ其ノ他ノ選擧人ヲ三級トス　但二級選擧人ノ場合ニハ前項但書ノ規定ヲ準用ス

各級ノ間納稅額兩級ニ跨ル者アルトキハ上級ニ入ルヘシ兩級ノ間ニ同額ノ納稅者二人以上アルトキハ其ノ市內ニ住所ヲ有スル年數ノ多キ者ヲ以テ上級ニ入ル住所ヲ有スル年數同シキトキハ年長者ヲ以テシ年齡ニ依リ難キトキハ市長抽籤シテ之ヲ定ムヘシ

選擧人ハ每級各別ニ議員定數ノ三分ノ一ヲ選擧ス　但選擧區アル場合ニ於テ議員ノ數三分シ難キトキハ其ノ配當方法ハ第十六條ノ市條例中ニ之ヲ規定スヘシ

被選擧人ハ各級ニ通シテ選擧セラルヽコトヲ得

直接市稅ヲ賦課セサル市ニ於テハ第二項乃至第四項ノ納稅額ハ選擧人ノ市內ニ於テ納ムル直接國稅額ニ依ルヘシ

第二項乃至第四項及前項ノ直接市稅及直接國稅ノ納額ニ關シ

テハ前條第五項ノ規定ヲ適用ス

第十六條　市ハ市條例ヲ以テ選擧區ヲ設クルコトヲ得二級又ハ三級選擧ノ爲ノミニ付亦同シ

選擧區ノ數及其ノ區域竝各選擧區ヨリ選出スル議員數ハ前項ノ市條例中ニ之ヲ規定スヘシ

第六條ノ市ニ於テハ區ヲ以テ選擧區トス其ノ各選擧區ヨリ選出スル議員數ハ市條例ヲ以テ之ヲ定ムヘシ

選擧人ハ住所ニ依リ所屬ノ選擧區ヲ定ム市內ニ住所ナキ者ハ直接市稅若ハ直接國稅ノ賦課ヲ受ケタル物件又ハ營業所ノ所在ニ依リ物件又ハ營業所ニシテ數選擧區ニ在ル場合ニハ之ニ對スル課稅ノ最多キ所ニ依リ其ノ之ニ依リ難キ場合ニハ本人ノ申出ニ依リ其ノ申出ナキトキハ市長其ノ選擧區ヲ定ムヘシ

選擧區ニ於テハ前條ノ規定ニ準シ選擧人ノ等級ヲ分ツヘシ但一級選擧人ノ數其ノ選出スヘキ議員配當數ヨリ少キトキハ

納額最多キ者議員配當數ト同數ヲ以テ一級トス二級選擧人ニ付亦同シ

被選擧人ハ各選擧區ニ通シテ選擧セラルヽコトヲ得

第十七條　特別ノ事情アルトキハ市ハ府縣知事ノ許可ヲ得區畫ヲ定メテ選擧分會ヲ設クルコトヲ得二級又ハ三級選擧ノ爲ノミニ付亦同シ

第十八條　選擧權ヲ有スル市公民ハ被選擧權ヲ有ス

左ニ揭クル者ハ被選擧權ヲ有セス其ノ之ヲ罷メタル後一月ヲ經過セサル者亦同シ

一　所屬府縣ノ官吏及有給吏員

二　其ノ市ノ有給吏員

三　檢事警察官吏及收稅官吏

四　神官神職僧侶其ノ他諸宗教師

五　小學校敎員

市ニ對シ請負ヲ爲ス者及其ノ支配人又ハ主トシテ同一ノ行爲ヲ爲ス法人ノ無限責任社員、重役及支配人ハ其ノ市ニ於テ被選擧權ヲ有セス

父子兄弟タル緣故アル者ハ同時ニ市會議員ノ職ニ在ルコトヲ得ス其ノ同時ニ選擧セラレタルトキハ同級ニ在リテハ得票ノ數ニ依リ其ノ多キ者一人ヲ當選者トシ同數ナルトキ又ハ等級若ハ選擧區ヲ異ニシテ選擧セラレタルトキハ年長者ヲ當選者トス其ノ時ヲ異ニシテ選擧セラレタルトキハ後ニ選擧セラレタル者議員タルコトヲ得ス

議員ト爲リタル後前項ノ緣故ヲ生シタル場合ニ於テハ年少者其ノ職ヲ失フ

市長市參與又ハ助役ト父子兄弟タル緣故アル者ハ市會議員ノ職ニ在ルコトヲ得ス

第十九條　市會議員ハ名譽職トス

議員ノ任期ハ四年トシ總選擧ノ第一日ヨリ之ヲ起算ス

議員ノ定數ニ異動ヲ生シタル爲解任ヲ要スル者アルトキハ每級各別ニ市長抽籤シテ之ヲ定ム選擧區アル場合ニ於テハ第十六條ノ市條例中ニ其ノ解任ヲ要スル者ノ選擧區及等級ヲ規定シ市長抽籤シテ之ヲ定ムヘシ　但解任ヲ要スル選擧區及等級ニ闕員アルトキハ其ノ闕員ヲ以テ之ニ充ツヘシ

議員ノ定數ニ異動ヲ生シタル爲新ニ選擧セラレタル議員ハ總選擧ニ依リ選擧セラレタル議員ノ任期滿了ノ日迄在任ス

選擧區又ハ其ノ配當議員數ノ變更アリタル場合ニ於テ之ニ關シ必要ナル事項ハ第十六條ノ市條例中ニ之ヲ規定スヘシ

第二十條　市會議員中闕員ヲ生シ其ノ闕員議員定數ノ三分ノ一以上ニ至リタルトキ又ハ府縣知事市長若ハ市會ニ於テ必要ト認ムルトキハ補闕選擧ヲ行フヘシ

補闕議員ハ其ノ前任者ノ殘任期間在任ス

補闕議員ハ前任者ノ選擧セラレタル等級及選擧區ニ於テ之ヲ

選擧スヘシ

第二十一條　市長ハ選擧期日前六十日ヲ期トシ其ノ日ノ現在ニ依リ選擧人ノ資格ヲ記載セル選擧人名簿ヲ調製スヘシ　但選擧區アルトキハ選擧區毎ニ名簿ヲ調製スヘシ

第六條ノ市ニ於テハ市長ハ區長ヲシテ前項ノ名簿ヲ調製セシムヘシ

市長ハ選擧期日前四十日ヲ期トシ其ノ日ヨリ七日間毎日午前八時ヨリ午後四時迄市役所第六條ノ市ニ於テハ區役所又ハ告示シタル場所ニ於テ選擧人名簿ヲ關係者ノ縱覽ニ供スヘシ關係者ニ於テ異議アルトキハ縱覽期間内ニ之ヲ市長第六條ノ市ニ於テハ區長ヲ經テニ申立ツルコトヲ得此場合ニ於テハ市長ハ縱覽期間滿了後三日以内ニ市會ノ決定ニ付スヘシ市會ハ其ノ送付ヲ受ケタル日ヨリ七日以内ニ之ヲ決定スヘシ

前項ノ決定ニ不服アル者ハ府縣參事會ニ訴願シ其ノ裁決又ハ

第五項ノ裁決ニ不服アル者ハ行政裁判所ニ出訴スルコトヲ得
第三項ノ決定及前項ノ裁決ニ付テハ市長ヨリモ訴願又ハ訴訟ヲ提起スルコトヲ得
前二項ノ裁決ニ付テハ府縣知事ヨリモ訴訟ヲ提起スル事ヲ得
前四項ノ場合ニ於テ決定若ハ裁決確定シ又ハ判決アリタルニ依リ名簿ノ修正ヲ要スルトキハ市長ハ其ノ確定期日前ニ修正ヲ加ヘ第六條ノ市ニ於テハ區長ヲシテ修正セシムヘシ
選擧人名簿ハ選擧期日前三日ヲ以テ確定ス
確定名簿ハ第三條又ハ第四條ノ處分アリタル場合ニ於テ府縣知事ノ指定スルモノヲ除クノ外其ノ確定シタル日ヨリ一年以內ニ於テ行フ選擧ニ之ヲ用ウ選擧區アル場合ニ於テハ各選擧區ニ涉リ同時ニ調製シタルモノハ確定シタル日ヨリ一年以內ニ於テ行フ選擧ニ之ヲ用キ一部ノ選擧區限リ調製シタルモノハ確定シタル日ヨリ一年以內ニ該選擧區ニ於テノミ行フ選擧

ニ之ヲ用ウ　但名簿確定後裁決確定シ又ハ判決アリタルニ依リ名簿ノ修正ヲ要スルトキハ選擧ヲ終リタル後ニ於テ次ノ選擧期日前四日迄ニ之ヲ修正スヘシ

選擧人名簿ヲ修正シタルトキハ市長ハ直ニ其ノ要領ヲ告示シ

第六條ノ市ニ於テハ區長ヲシテ之ヲ告示セシムヘシ

選擧分會ヲ設クルトキハ市長ハ確定名簿ニ依リ分會ノ區畫毎ニ名簿ノ抄本ヲ調製スヘシ第六條ノ市ニ於テハ區長ヲシテ之ヲ調製セシムヘシ

確定名簿ニ登錄セラレサル者ハ選擧ニ參與スルコトヲ得ス

但選擧人名簿ニ登錄セラルヘキ確定裁決書又ハ判決書ヲ所持シ選擧ノ當日選擧會場ニ到ル者ハ此ノ限ニ在ラス

前項但書ノ選擧人ハ等級ノ標準タル直接市稅又ハ直接國稅ニ依リ其ノ者ノ納額ニシテ名簿ニ登錄セラレタル一級選擧人中ノ最少額ヨリ多キトキハ一級ニ於テ二級選擧人中ノ最少額ヨ

リ多キトキハ二級ニ於テ其ノ他ハ三級ニ於テ選擧ヲ行フヘシ確定名簿ニ登錄セラレタル者選擧權ヲ有セサルトキハ選擧ニ參與スルコトヲ得ス　但名簿ハ之ヲ修正スル限ニ在ラス

第三項乃至第六項ノ場合ニ於テ決定若ハ裁決確定シ又ハ判決アリタルニ依リ名簿無效ト爲リタルトキハ更ニ名簿ヲ調製スヘシ其ノ名簿ノ調製、縱覽、修正、確定及異議ノ決定ニ關スル期日、期限及期間ハ府縣知事ノ定ムル所ニ依ル名簿ノ喪失シタルトキ亦同シ

選擧人名簿調製後ニ於テ選擧期日ヲ變更スルコトアルモ其ノ名簿ヲ用ヰ縱覽、修正、確定及異議ノ決定ニ關スル期日、期限及期間ハ前選擧期日ニ依リ之ヲ算定ス

第二十二條　市長ハ選擧期日前少クトモ七日間選擧會場、投票ノ日時及各級ヨリ選擧スヘキ議員數ヲ告示スヘシ選擧區アル場合ニ於テハ各級ヨリ選擧スヘキ議員數ヲ選擧區每ニ分別シ

選擧分會ヲ設クル場合ニ於テハ併セテ其ノ等級及區畫ヲ告示スヘシ
各選擧區ノ選擧ハ同日時ニ之ヲ行ヒ選擧分會ノ選擧ハ本會ト同日時ニ之ヲ行フヘシ天災事變等ニ依リ同日時ニ選擧ヲ行フコト能ハサルトキハ市長ハ其ノ選擧ヲ終ラサル選擧會又ハ選擧分會ノミニ關シ更ニ選擧會場及投票ノ日時ヲ告示シ選擧ヲ行フヘシ
選擧ヲ行フ順序ハ先ツ三級ノ選擧ヲ行ヒ次ニ二級ノ選擧ヲ行ヒ次ニ一級ノ選擧ヲ行フヘシ天災事變等ニ依リ選擧ヲ行フコト能ハサルニ至リタル時ハ市長ハ其ノ選擧ヲ終ラサル等級ノミニ關シ更ニ選擧會場及投票ノ日時ヲ告示シ選擧ヲ行フヘシ
ス

第二十三條　市長ハ選擧長ト爲リ選擧會ヲ開閉シ其ノ取締ニ任ス
各選擧區ノ選擧會ハ市長又ハ其ノ指名シタル吏員（第六條ノ市ニ於テハ區長）

選擧長ト爲リ之ヲ開閉シ其ノ取締ニ任ス
選擧分會ハ市長ノ指名シタル吏員選擧分會長ト爲リ之ヲ開閉シ其ノ取締ニ任ス
市長（第六條ノ市ニ於テハ區長）ハ選擧人中ヨリ二人乃至四人ノ選擧立會人ヲ選任スヘシ　但選擧區アルトキ又ハ選擧分會ヲ設ケタルトキハ各別ニ選擧立會人ヲ設クヘシ
選擧立會人ハ名譽職トス

第二十四條　選擧人ニ非サル者ハ選擧會場ニ入ルコトヲ得ス但選擧會場ノ事務ニ從事スル者、選擧會場ヲ監視スル職權ヲ有スル者又ハ警察官吏ハ此ノ限ニ在ラス
選擧會場ニ於テ演說討論ヲ爲シ若ハ喧擾ニ涉リ又ハ投票ニ關シ協議若ハ勸誘ヲ爲シ其ノ他選擧會場ノ秩序ヲ紊ス者アルトキハ選擧長又ハ分會長ハ之ヲ制止シ命ニ從ハサルトキハ之ヲ選擧會場外ニ退出セシムヘシ

前項ノ規定ニ依リ退出セシメラレタル者ハ最後ニ至リ投票ヲ爲スコトヲ得　但選擧長又ハ分會長會場ノ秩序ヲ紊スノ虞ナシト認ムル場合ニ於テ投票ヲ爲サシムルヲ妨ケス

第二十五條　選擧ハ無記名投票ヲ以テ之ヲ行フ

投票ハ一人一票ニ限ル

選擧人ハ選擧ノ當日投票時間內ニ自ラ選擧會場ニ到リ選擧人名簿又ハ其ノ抄本ノ對照ヲ經テ投票ヲ爲スヘシ

投票時間內ニ選擧會場ニ入リタル選擧人ハ其ノ時間ヲ過クルモ投票ヲ爲スコトヲ得

選擧人ハ選擧會場ニ於テ投票用紙ニ自ラ被選擧人一人ノ氏名ヲ記載シテ投函スヘシ　但確定名簿ニ登錄セラレタル毎級選擧人ノ數其ノ選擧スヘキ議員數ノ三倍ヨリ少キ場合ニ於テハ連名投票ノ法ヲ用ウヘシ

自ラ被選擧人ノ氏名ヲ書スルコト能ハサル者ハ投票ヲ爲スコ

トヲ得ス
投票用紙ハ市長ノ定ムル所ニ依リ一定ノ式ヲ用ウヘシ
選擧區アル場合ニ於テ選擧人名簿ノ調製後選擧人ノ所屬ニ異動ヲ生スルコトアルモ其ノ選擧人ハ前所屬ノ選擧區ニ於テ投票ヲ爲スヘシ
選擧分會ニ於テ爲シタル投票ハ分會長少クトモ一人ノ選擧立會人ト共ニ投票函ノ儘之ヲ本會ニ送致スヘシ
第二十六條　增員選擧及補闕選擧ヲ同時ニ行フ場合ニ於テハ一ノ選擧ヲ以テ合併シテ之ヲ行フ
第二十七條　第十四條第二項又ハ第三項ノ規定ニ依リ選擧權ヲ有スル者ハ代人ヲ出シテ選擧ヲ行フコトヲ得　但年齡二十五年以上ノ男子ニ非サル者、禁治產者及準禁治產者ハ必ス代人ヲ以テスヘシ
代人ハ帝國臣民ニシテ年齡二十五年以上ノ男子ニ限ル

第九條第一項但書ニ當ル者、第十條第二項ノ規定ニ依ル公民權停止中ノ者及第十一條第二項ノ公民權停止ノ條件又ハ同條第三項ノ場合ニ當ル者ハ代人タルコトヲ得ス又一人ニシテ數人ノ代理ヲ爲スコトヲ得ス

代人ハ委任狀其ノ他代理ヲ證スル書面ヲ選擧長又ハ分會長ニ示スヘシ

第二十八條　左ノ投票ハ之ヲ無效トス

一　成規ノ用紙ヲ用キサルモノ

二　現ニ市會議員ノ職ニ在ル者ノ氏名ヲ記載シタルモノ

三　一投票中二人以上ノ被選擧人ノ氏名ヲ記載シタルモノ

四　被選擧人ノ何人タルカヲ確認シ難キモノ

五　被選擧權ナキ者ノ氏名ヲ記載シタルモノ

六　被選擧人ノ氏名ノ外他事ヲ記入シタルモノ　但爵位職業身分住所又ハ敬稱ノ類ヲ記入シタルモノハ此限ニ在ラス

連名投票ノ法ヲ用キタル場合ニ於テハ前項第一號及第六號ニ該當スルモノ竝其ノ記載ノ人員選擧スヘキ定數ニ過キタルモノハ之ヲ無效トシ前項第二號第四號及第五號ニ該當スルモノハ其部分ノミヲ無效トス

第二十九條　投票ノ拒否及效力ハ選擧立會人之ヲ決定ス可否同數ナルトキハ選擧長之ヲ決スヘシ

選擧分會ニ於ケル投票ノ拒否ハ其選擧立會人之ヲ決定ス可否同數ナルトキハ分會長之ヲ決スヘシ

第三十條　市會議員ノ選擧ハ有效投票ノ最多數ヲ得タル者ヲ以テ當選者トス　但各級ニ於テ選擧スヘキ議員數ヲ以テ選擧人名簿ニ登錄セラレタル各級ノ人員數ヲ除シテ得タル數ノ七分ノ一以上ノ得票アルコトヲ要ス

前項ノ規定ニ依リ當選者ヲ定ムルニ當リ得票ノ數同シキトキハ年長者ヲ取リ年齢同シキトキハ選擧長抽籤シテ之ヲ定ムヘ

シ

第三十一條　選擧長又ハ分會長ハ選擧錄ヲ調製シテ選擧又ハ投票ノ顚末ヲ記載シ選擧又ハ投票ヲ終リタル後之ヲ朗讀シ選擧立會人二人以上ト共ニ之ニ署名スヘシ

各選擧區ノ選擧長ハ選擧錄第六條ノ市ニ於テハ其ノ謄本ヲ添ヘ當選者ノ住所氏名ヲ市長ニ報告スヘシ

選擧分會長ハ投票函ト同時ニ選擧錄ヲ本會ニ致送スヘシ

選擧錄ハ投票、選擧人名簿其ノ他ノ關係書類ト共ニ選擧及當選ノ效力確定スルニ至ル迄之ヲ保存スヘシ

第三十二條　當選者定マリタルトキハ市長ハ直ニ當選者ニ當選ノ旨ヲ告知シ第六條ノ市ニ於テハ區長ヲシテ之ヲ告知セシムヘシ

當選者當選ヲ辭セムトスルトキハ當選ノ告知ヲ受ケタル日ヨリ五日以内ニ之ヲ市長ニ申立ツヘシ

一人ニシテ數級又ハ數選擧區ニ於テ當選シタルトキハ最終ニ當選ノ告知ヲ受ケタル日ヨリ五日以內ニ何レノ當選ニ應スヘキカヲ市長ニ申立ツヘシ其ノ期間內ニ之ヲ申立テサルトキハ市長抽籤シテ之ヲ定ム

第十八條第二項ニ揭ケサル官吏ニシテ當選シタル者ハ所屬長官ノ許可ヲ受クルニ非サレハ之ニ應スルコトヲ得ス

前項ノ官吏ハ當選ノ告知ヲ受ケタル日ヨリ二十日以內ニ之ニ應スヘキ旨ヲ市長ニ申立テサルトキハ其ノ當選ヲ辭シタルモノト看做ス第三項ノ場合ニ於テ何レノ當選ニ應スヘキカヲ申立テサルトキハ總テ之ヲ辭シタルモノト看做ス

第三十三條　市會議員ノ當選ヲ辭シタル者アルトキハ市長ハ直ニ之ヲ補フヘキ當選者ヲ定ムヘシ此ノ場合ニ於テハ第三十條ノ規定ヲ準用ス

第三十四條　選擧ヲ終リタルトキハ市長ハ直ニ選擧錄ノ謄本ヲ

添ヘ之ヲ府縣知事ニ報告スヘシ
第三十二條第二項ノ期間ヲ經過シタルトキ、同條第三項若ハ第五項ノ申立アリタルトキ又ハ同條第三項ノ規定ニ依リ抽籤ヲ爲シタルトキハ市長ハ直ニ當選者ノ住所氏名ヲ告示シ併セテ之ヲ府縣知事ニ報告スヘシ

第三十五條　選擧ノ規定ニ違反スルコトアルトキハ選擧ノ結果ニ異動ヲ生スルノ虞アル場合ニ限リ其ノ選擧ノ全部又ハ一部ヲ無效トス

第三十六條　選擧人選擧又ハ當選ノ效力ニ關シ異議アルトキハ選擧ニ關シテハ選擧ノ日ヨリ當選ニ關シテハ第三十四條第二項ノ告示ノ日ヨリ七日以內ニ之ヲ市長ニ申立ツルコトヲ得此ノ場合ニ於テハ市長ハ七日以內ニ市會ノ決定ニ付スヘシ市會ハ其ノ送付ヲ受ケタル日ヨリ十四日以內ニ之ヲ決定スヘシ
前項ノ決定ニ不服アル者ハ府縣參事會ニ訴願スルコトヲ得

府縣知事ハ選擧又ハ當選ノ效力ニ關シ異議アルトキハ選擧ニ關シテハ第三十四條第一項ノ報告ヲ受ケタル日ヨリ當選ニ關シテハ同條第二項ノ報告ヲ受ケタル日ヨリ二十日以内ニ之ヲ府縣參事會ノ決定ニ付スルコトヲ得

前項ノ決定アリタルトキハ同一事件ニ付爲シタル異議ノ申立及市會ノ決定ハ無效トス

第二項若ハ第六項ノ裁決又ハ第三項ノ決定ニ不服アル者ハ行政裁判所ニ出訴スルコトヲ得

第一項ノ決定ニ付テハ市長ヨリモ訴願ヲ提起スルコトヲ得

第二項若ハ前項ノ裁決又ハ第三項ノ決定ニ付テハ府縣知事又ハ市長ヨリモ訴訟ヲ提起スルコトヲ得

市會議員ハ選擧又ハ當選ニ關スル決定若ハ裁決確定シ又ハ判決アル迄ハ會議ニ列席シ議事ニ參與スルノ權ヲ失ハス

第三十七條　當選無效ト確定シタルトキハ市長ハ直ニ第三十條

ノ例ニ依リ更ニ當選者ヲ定ムヘシ
選擧無效ト確定シタルトキハ更ニ選擧ヲ行フヘシ
議員ノ定數ニ足ル當選者ヲ得ルコト能ハサルトキハ其ノ不足ノ員數ニ付更ニ選擧ヲ行フヘシ此ノ場合ニ於テハ第三十條第一項但書ノ規定ヲ適用セス

第三十八條　市會議員ニシテ被選擧權ヲ有セサル者ハ其ノ職ヲ失フ禁錮以上ノ刑ニ處セラレタル者ヲ除クノ外其ノ被選擧ノ有無ハ市會之ヲ決定ス

市長ハ市會議員中被選擧權ヲ有セサル者アリト認ムルトキハ之ヲ市會ノ決定ニ付スヘシ

第一項ノ決定ヲ受ケタル者其ノ決定ニ不服アルトキハ府縣參事會ニ訴願シ其ノ裁決又ハ第四項ノ裁決ニ不服アルトキハ行政裁判所ニ出訴スルコトヲ得

第一項ノ決定及前項ノ裁決ニ付テハ市長ヨリモ訴願又ハ訴訟

ヲ提起スルコトヲ得
前二項ノ裁決ニ付テハ府縣知事ヨリモ訴訟ヲ提起スルコトヲ得
第三十六條第八項ノ規定ハ第一項及前三項ノ場合ニ之ヲ準用ス
第一項ノ決定ハ文書ヲ以テ之ヲ爲シ其ノ理由ヲ附シ之ヲ本人ニ交付スヘシ
第三十九條　第二十一條及第三十六條ノ場合ニ於テ府縣參事會ノ決定及裁決ハ府縣知事、市會ノ決定ハ市長直ニ之ヲ告示スヘシ
第四十條　本法又ハ本法ニ基キテ發スル勅令ニ依リ設置スル議會ノ議員ノ選擧ニ付テハ衆議員院議員選擧ニ關スル罰則ヲ準用ス
前項ノ罰則中選擧人ニ關スル規定ハ第二十七條ノ代人ニ之ヲ

準用ス

第二款　職務權限

第四十一條　市會ハ市ニ關スル事件及法律勅令ニ依リ其ノ權限ニ屬スル事件ヲ議決ス

第四十二條　市會ノ議決スヘキ事件ノ概目左ノ如シ

一　市條例及市規則ヲ設ケ又ハ改廢スル事

二　市費ヲ以テ支辨スヘキ事業ニ關スル事　但第九十三條ノ事務及法律勅令ニ規定アルモノハ此ノ限ニ在ラス

三　歳入出豫算ヲ定ムル事

四　決算報告ヲ認定スル事

五　法令ニ定ムルモノヲ除クノ外使用料、手數料、加入金、市税又ハ夫役現品ノ徵課徵收ニ關スル事

六　不動産ノ管理處分及取得ニ關スル事

七　基本財産及積立金穀等ノ設置管理及處分ニ關スル事

八　歳入出豫算ヲ以テ定ムルモノヲ除クノ外新ニ義務ノ負擔ヲ爲シ及權利ノ抛棄ヲ爲ス事

九　財産及營造物ノ管理方法ヲ定ムル事　但法律勅令ニ規定アルモノハ此ノ限ニ在ラス

十　市吏員ノ身元保證ニ關スル事

十一　市ニ係ル訴願訴訟及和解ニ關スル事

第四十三條　市會ハ其ノ權限ニ屬スル事項ノ一部ヲ市參事會ニ委任スルコトヲ得

第四十四條　市會ハ法律勅令ニ依リ其ノ權限ニ屬スル選擧ヲ行フヘシ

第四十五條　市會ハ市ノ事務ニ關スル書類及計算書ヲ檢閲シ市長ノ報告ヲ請求シテ事務ノ管理、議決ノ執行及出納ヲ檢査スルコトヲ得

市會ハ議員中ヨリ委員ヲ選擧シ市長又ハ其ノ指名シタル吏員

立會ノ上實地ニ就キ前項市會ノ權限ニ屬スル事件ヲ行ハシムルコトヲ得

第四十六條　市會ハ市ノ公益ニ關スル事件ニ付意見書ヲ市長又ハ監督官廳ニ提出スルコトヲ得

第四十七條　市會ハ行政廳ノ諮問アルトキハ意見ヲ答申スヘシ

市會ノ意見ヲ徵シテ處分ヲ爲スヘキ場合ニ於テ市會成立セス、招集ニ應セス若ハ意見ヲ提出セス又ハ市會ヲ招集スルコト能ハサルトキハ當該行政廳ハ其ノ意見ヲ俟タスシテ直ニ處分ヲ爲スコトヲ得

第四十八條　市會ハ議員中ヨリ議長及副議長一人ヲ選擧スヘシ

議長及副議長ノ任期ハ議員ノ任期ニ依ル

第四十九條　議長故障アルトキハ副議長之ニ代ハリ議長及副議長共ニ故障アルトキハ年長ノ議員議長ノ職務ヲ代理ス年齡同シキトキハ抽籤ヲ以テ之ヲ定ム

第五十條　市長及其ノ委任又ハ囑託ヲ受ケタル者ハ會議ニ列席シテ議事ニ參與スルコトヲ得　但議決ニ加ハルコトヲ得ス
前項ノ列席者發言ヲ求ムルトキハ議長ハ直ニ之ヲ許スヘシ但之カ爲議員ノ演說ヲ中止セシムルコトヲ得ス
第五十一條　市會ハ市長之ヲ招集ス議員定數三分ノ一以上ノ請求アルトキハ市長ハ之ヲ招集スヘシ
市長ハ必要アル場合ニ於テハ會期ヲ定メテ市會ヲ招集スルコトヲ得
招集及會議ノ事件ハ開會ノ日ヨリ少クトモ三日前ニ之ヲ告知スヘシ　但急施ヲ要スル場合ハ此ノ限ニ在ラス
市會開會中急施ヲ要スル事件アルトキハ市長ハ直ニ之ヲ其ノ會議ニ付スルコトヲ得三日前迄ニ告知ヲ爲シタル事件ニ付亦同シ
市會ハ市長之ヲ開閉ス

第五十二條　市會ハ議員定數ノ半數以上出席スルニ非サレハ會議ヲ開クコトヲ得ス　但第五十四條ノ除斥ノ爲半數ニ滿タサルトキ、同一ノ事件ニ付招集再回ニ至ルモ仍半數ニ滿タサルトキ又ハ招集ニ應スルモ出席議員定數ヲ闕キ議長ニ於テ出席ヲ催告シ仍半數ニ滿タサルトキハ此ノ限ニ在ラス

第五十三條　市會ノ議事ハ過半數ヲ以テ決ス可否同數ナルトキハ議長ノ決スル所ニ依ル

第五十四條　議長及議員ハ自己又ハ父母、祖父母、妻、子孫、兄弟姉妹ノ一身上ニ關スル事件ニ付テハ其ノ議事ニ參與スルコトヲ得ス　但市會ノ同意ヲ得タルトキハ會議ニ出席シ發言スルコトヲ得

第五十五條　法律勅令ニ依リ市會ニ於テ選擧ヲ行フトキハ本法中別段ノ規定アル場合ヲ除クノ外一人毎ニ無記名投票ヲ爲シ有效投票ノ過半數ヲ得タル者ヲ以テ當選者トス過半數ヲ得タ

ル者ナキトキハ最多數ヲ得タル者二人ヲ取リ之ニ就キ決選投票ヲ爲サシム其ノ二人ヲ取ルニ當リ同數者アルトキハ年長者ヲ取リ年齡同シキトキハ議長抽籤シテ之ヲ定ム此ノ決選投票ニ於テハ多數ヲ得タル者ヲ以テ當選者トス同數ナルトキハ年長者ヲ取リ年齡同シキトキハ議長抽籤シテ之ヲ定ム

前項ノ場合ニ於テハ第二十五條及第二十八條ノ規定ヲ準用シ投票ノ效力ニ關シ異議アルトキハ市會之ヲ決定ス

第一項ノ選擧ニ付テハ市會ハ其ノ議決ヲ以テ指名推選又ハ連名投票ノ法ヲ用ウルコトヲ得其ノ連名投票ノ法ヲ用ウル場合ニ於テハ前二項ノ例ニ依ル

第五十六條　市會ノ會議ハ公開ス　但左ノ場合ハ此ノ限ニ在ラス

一　市長ヨリ傍聽禁止ノ要求ヲ受ケタルトキ

二　議長又ハ議員三人以上ノ發議ニ依リ傍聽禁止ヲ可決シタ

ルトキ

前項議長又ハ議員ノ發議ハ討論ヲ須キス其ノ可否ヲ決スヘシ

第五十七條　議長ハ會議ヲ總理シ會議ノ順序ヲ定メ其ノ日ノ會議ヲ開閉シ議場ノ秩序ヲ保持ス

第五十八條　議員ハ選擧人ノ指示又ハ委囑ヲ受クヘカラス

議員ハ會議中無禮ノ語ヲ用ヰ又ハ他人ノ身上ニ涉リ言論スルコトヲ得ス

第五十九條　會議中本法又ハ會議規則ニ違ヒ其ノ他議場ノ秩序ヲ紊ス議員アルトキハ議長ハ之ヲ制止シ又ハ發言ヲ取消サシメ命ニ從ハサルトキハ當日ノ會議ヲ終ル迄發言ヲ禁止シ又ハ議場外ニ退去セシメ必要アル場合ニ於テハ警察官吏ノ處分ヲ求ムルコトヲ得

議場騷擾ニシテ整理シ難キトキハ議長ハ當日ノ會議ヲ中止シ又ハ之ヲ閉ツルコトヲ得

第六十條　傍聽人公然可否ヲ表シ又ハ喧騷ニ渉リ其ノ他會議ノ妨害ヲ爲ストキハ議長ハ之ヲ制止シ命ニ從ハサルトキハ之ヲ退場セシメ必要アル場合ニ於テハ警察官吏ノ處分ヲ求ムルコトヲ得
傍聽席騷擾ナルトキハ議長ハ總テノ傍聽人ヲ退場セシメ必要アル場合ニ於テハ警察官吏ノ處分ヲ求ムルコトヲ得

第六十一條　市會ニ書記ヲ置キ議長ニ隸屬シテ庶務ヲ處理セシム
書記ハ議長之ヲ任免ス

第六十二條　議長ハ書記ヲシテ會議錄ヲ調製シ會議ノ顛末及出席議員ノ氏名ヲ記載セシムヘシ
會議錄ハ議長及議員二人以上之ニ署名スルコトヲ要ス其ノ議員ハ市會ニ於テ之ヲ定ムヘシ
議長ハ會議錄ヲ添ヘ會議ノ結果ヲ市長ニ報告スヘシ

第六十三條　市會ハ會議規則及傍聽人取締規則ヲ設クヘシ
會議規則ニハ本法及會議規則ニ違反シタル議員ニ對シ市會ノ議決ニ依リ三日以内出席ヲ停止シ又ハ二圓以下ノ過怠金ヲ科スル規定ヲ設クルコトヲ得

第三章　市參事會

第一款　組織及選擧

第六十四條　市ニ市參事會ヲ置キ左ノ職員ヲ以テ之ヲ組織ス
一　市長
二　助役
三　名譽職參事會員
前項ノ外市參與ヲ置ク市ニ於テハ市參與ハ參事會員トシテ其ノ擔任事業ニ關スル場合ニ限リ會議ニ列席シ議事ニ參與ス
第六十五條　名譽職參事會員ノ定數ハ六人トス　但第六條ノ市ニ在リテハ市條例ヲ以テ十二人迄之ヲ增加スルコトヲ得

名譽職參事會員ハ市會ニ於テ其ノ議員中ヨリ之ヲ選擧スヘシ其ノ選擧ニ關シテハ第二十五條第二十八條及第三十條ノ規定ヲ準用シ投票ノ效力ニ關シ異議アルトキハ市會之ヲ決定ス

名譽職參事會員中闕員アルトキハ直ニ補闕選擧ヲ行フヘシ

名譽職參事會員ノ任期ハ市會議員ノ任期ニ依ル　但市會議員ノ任期滿了ノ場合ニ於テハ後任名譽聯參事會員選擧ノ日迄在任ス

第六十六條　市參事會ハ市長ヲ以テ議長トス市長故障アルトキハ市長代理者之ヲ代理ス

第二款　職務權限

第六十七條　市參事會ノ職務權限左ノ如シ

一　市會ノ權限ニ屬スル事件ニシテ其ノ委任ヲ受ケタルモノヲ議決スル事

二　市長ヨリ市會ニ提出スル議案ニ付市長ニ對シ意見ヲ述フ

ル事
三　其ノ他法令ニ依リ市參事會ノ權限ニ屬スル事件
第六十八條　市參事會ハ市長之ヲ招集ス名譽職參事會員定數ノ半數以上ノ請求アルトキハ市長ハ之ヲ招集スヘシ
第六十九條　市參事會ノ會議ハ傍聽ヲ許サス
第七十條　市參事會ハ議長又ハ其ノ代理者及名譽職參事會員定數ノ半數以上出席スルニ非サレハ會議ヲ開クコトヲ得ス但第二項ノ除斥ノ爲名譽職參事會員其ノ半數ニ滿タサルトキ同一ノ事件ニ付招集再回ニ至ルモ仍名譽職參事會員其ノ半數ニ滿タサルトキ又ハ招集ニ應スルモ出席名譽職參事會員定數ヲ闕キ議長ニ於テ出席ヲ催告シ仍半數ニ滿タサルトキハ此ノ限ニ在ラス
議長及參事會員ハ自己又ハ父母、祖父母、妻、子孫、兄弟姉妹ノ一身上ニ關スル事件ニ付テハ其ノ議事ニ參與スルコトヲ

得ス　但市參事會ノ同意ヲ得タルトキハ會議ニ出席シ發言スルコトヲ得
議長及其ノ代理者共ニ前項ノ場合ニ當ルトキハ年長ノ名譽職參事會員議長ノ職務ヲ代理ス
第七十一條　第四十六條第四十七條第五十條第五十一條第二項及第五項第五十三條第五十五條第五十七條乃至第五十九條第六十一條竝第六十二條第一項及第二項ノ規定ハ市參事會ニ之ヲ準用ス

第四章　市吏員

第一款　組織選擧及任免

第七十二條　市ニ市長及助役一人ヲ置ク　但第六條ノ市ノ助役ノ定數ハ內務大臣之ヲ定ム
助役ノ定數ハ市條例ヲ以テ之ヲ增加スルコトヲ得
特別ノ必要アル市ニ於テハ市條例ヲ以テ市參與ヲ置クコトヲ

得其ノ定數ハ其ノ市條例中ニ之ヲ規定スヘシ
第七十三條　市長ハ有給吏員トシ其ノ任期ハ四年トス
內務大臣ハ市會ヲシテ市長候補者三人ヲ選擧推薦セシメ上奏裁可ヲ請フヘシ
市長ハ內務大臣ノ認可ヲ受クルニ非サレハ任期中退職スルコトヲ得ス
第七十四條　市參與ハ名譽職トス　但定數ノ全部又ハ一部ヲ有給吏員ト爲スコトヲ得此ノ場合ニ於テハ第七十二條第三項ノ市條例中ニ之ヲ規定スヘシ
市參與ハ市會ニ於テ之ヲ選擧シ內務大臣ノ認可ヲ受クヘシ
名譽職市參與ハ市公民中選擧權ヲ有スル者ニ限ル
第七十五條　助役ハ有給吏員トシ其ノ任期ハ四年トス
助役ハ市長ノ推薦ニ依リ市會之ヲ定メ市長職ニ在ラサルトキハ市會ニ於テ之ヲ選擧シ府縣知事ノ認可ヲ受クヘシ

前項ノ場合ニ於テ府縣知事ノ不認可ニ對シ市長又ハ市會ニ於テ不服アルトキハ内務大臣ニ具狀シテ認可ヲ請フコトヲ得
助役ハ府縣知事ノ認可ヲ受クルニ非サレハ任期中退職スルコトヲ得ス

第七十六條　市長有給市參與及助役ハ第九條第一項ノ規定ニ拘ラス在職ノ間其ノ市ノ公民トス

第七十七條　市長市參與及助役ハ第十八條第二項ニ掲ケタル職ト兼ヌルコトヲ得ス又其ノ市ニ對シ請負ヲ爲スコトヲ得ス
市長ト父子兄弟タル緣故アル者ハ市參與又ハ助役ノ職ニ在ルコトヲ得ス
市參與ト父子兄弟タル緣故アル者ハ助役ノ職ニ在ルコトヲ得ス
父子兄弟タル緣故アル者ハ同時ニ市參與又ハ助役ノ職ニ在ルコトヲ得ス第十八條第五項ノ規定ハ此ノ場合ニ之ヲ準用ス

第七十八條　市長有給市參與及助役ハ府縣知事ノ許可ヲ受クルニ非サレハ他ノ報償アル業務ニ從事スルコトヲ得ス
市長有給市參與及助役ハ會社ノ重役又ハ支配人其ノ他ノ事務員タルコトヲ得ス

第七十九條　市ニ收入役一人ヲ置ク　但市條例ヲ以テ副收入役ヲ置クコトヲ得

第七十五條第一項乃至第三項第七十七條第一項及第四項竝前條ノ規定ハ收入役及副收入役ニ第七十六條ノ規定ハ收入役ニ之ヲ準用ス

市長市參與又ハ助役ト父子兄弟タル緣故アル者ハ收入役又ハ副收入役ノ職ニ在ルコトヲ得ス收入役ト父子兄弟タル緣故アル者ハ副收入役ノ職ニ在ルコトヲ得ス

第八十條　第六條ノ市ノ區ニ區長一人ヲ置キ市有給吏員トシ市長之ヲ任免ス

第七十七條第一項及第七十八條ノ規定ハ區長ニ之ヲ準用ス

第八十一條　第六條ノ市ノ區ニ區收入役一人又ハ區收入役及區副收入役各一人ヲ置ク

區收入役及區副收入役ハ第八十六條ノ吏員中市長、助役、市收入役、市副收入役又ハ區長トノ間及其ノ相互ノ間ニ父子兄弟タル緣故アラサル者ニ就キ市長之ヲ命ス

區收入役又ハ區副收入役ト爲リタル後市長、助役、市收入役、市副收入役又ハ區長トノ間ニ父子兄弟タル緣故生シタルトキハ區收入役又ハ區副收入役ハ其ノ職ヲ失フ

前項ノ規定ハ區收入役及區副收入役相互ノ間ニ於テ區副收入役ニ之ヲ準用ス

第八十二條　第六條ノ市ヲ除キ其ノ他ノ市ハ處務便宜ノ爲區ヲ畫シ區長及其ノ代理者一人ヲ置クコトヲ得

前項ノ區長及其ノ代理者ハ名譽職トス市會ニ於テ市公民中選

舉權ヲ有スル者ヨリ之ヲ選擧ス
內務大臣ハ前項ノ規定ニ拘ラス區長ヲ有給吏員ト爲スヘキ市ヲ指定スルコトヲ得
前項ノ區ニ付テハ第八十條第八十一條第九十四條第二項第九十七條第四項第九十八條及第九十九條ノ規定ヲ準用スルノ外必要ナル事項ハ勅令ヲ以テ之ヲ定ム
第八十三條　市ハ臨時又ハ常設ノ委員ヲ置クコトヲ得
委員ハ名譽職トス市會ニ於テ市會議員、名譽職參事會員又ハ市公民中選擧權ヲ有スル者ヨリ之ヲ選擧ス　但委員長ハ市長又ハ其ノ委任ヲ受ケタル市參與若ハ助役ヲ以テ之ニ充ツ
常設委員ノ組織ニ關シテハ市條例ヲ以テ別段ノ規定ヲ設クルコトヲ得
第八十四條　市公民ニ限リテ擔任スヘキ職務ニ在ル吏員ニシテ市公民權ヲ喪失シ若ハ停止セラレタルトキ又ハ第十一條第三

項ノ場合ニ當ルトキハ其ノ職ヲ失フ職ニ就キタルカ爲市公民タル者ニシテ禁治產若ハ準禁治產ノ宣告ヲ受ケタルトキ又ハ第十一條第二項若ハ第三項ノ場合ニ當ルトキ亦同シ

前項ノ職務ニ在ル者ニシテ禁錮以上ノ刑ニ當ルヘキ罪ノ爲豫審又ハ公判ニ付セラレタルトキハ監督官廳ハ其ノ職務ノ執行ヲ停止スルコトヲ得此ノ場合ニ於テハ其ノ停止期間報酬又ハ給料ヲ支給スルコトヲ得ス

第八十五條　前數條ニ定ムル者ノ外市ニ必要ノ有給吏員ヲ置キ市長之ヲ任免ス

前項吏員ノ定數ハ市會ノ議決ヲ經テ之ヲ定ム

第八十六條　前數條ニ定ムル者ノ外第六條及八十二條第三項ノ市ノ區ニ必要ノ市有給吏員ヲ置キ區長ノ申請ニ依リ市長之ヲ任免ス

前項吏員ノ定數ハ市會ノ議決ヲ經テ之ヲ定ム

第二款　職務權限

第八十七條　市長ハ市ヲ統轄シ市ヲ代表ス
市長ノ擔任スル事務ノ概目左ノ如シ
一　市會及市參事會ノ議決ヲ經ヘキ事件ニ付其ノ議案ヲ發シ及其ノ議決ヲ執行スル事
二　財產及營造物ヲ管理スル事　但特ニ之カ管理ヲ置キタルトキハ其ノ事務ヲ監督スル事
三　收入支出ヲ命令シ及會計ヲ監督スル事
四　證書及公文書類ヲ保管スル事
五　法令又ハ市會ノ議決ニ依リ使用料、手數料、加入金、市稅又ハ夫役現品ヲ賦課徵收スル事
六　其ノ他法令ニ依リ市長ノ職權ニ屬スル事項

第八十八條　市長ハ議案ヲ市會ニ提出スル前之ヲ市參事會ノ審查ニ付シ其ノ意見ヲ議案ニ添ヘ市會ニ提出スヘシ

第八十九條　市長ハ市吏員ヲ指揮監督シ之ニ對シ懲戒ヲ行フコトヲ得其ノ懲戒處分ハ譴責及十圓以下ノ過怠金トス

第九十條　市會又ハ市參事會ノ議決又ハ選擧其ノ權限ヲ越エ又ハ法令若ハ會議規則ニ背クト認ムルトキハ市長ハ其ノ意見ニ依リ又ハ監督官廳ノ指揮ニ依リ理由ヲ示シテ之ヲ再議ニ付シ又ハ再選擧ヲ行ハシムヘシ其ノ執行ヲ要スルモノニ在リテハ之ヲ停止スヘシ

前項ノ場合ニ於テ市會又ハ市參事會其ノ議決ヲ改メサルトキハ市長ハ府縣參事會ノ裁決ヲ請フヘシ　但特別ノ事由アルトキハ再議ニ付セスシテ直ニ裁決ヲ請フコトヲ得

監督官廳ハ第一項ノ議決又ハ選擧ヲ取消スコトヲ得　但裁決ノ申請アリタルトキハ此ノ限ニ在ラス

第二項ノ裁決又ハ前項ノ處分ニ不服アル市長市會又ハ市參事會ハ行政裁判所ニ出訴スルコトヲ得

市會又ハ市參事會ノ議決公益ヲ害シ又ハ市ノ收支ニ關シ不適當ナリト認ムルトキハ市長ハ其ノ意見ニ依リ又ハ監督官廳ノ指揮ニ依リ理由ヲ示シテ之ヲ再議ニ付スヘシ其ノ執行ヲ要スルモノニ在リテハ之ヲ停止スヘシ

前項ノ場合ニ於テ市會又ハ市參事會其ノ議決ヲ改メサルトキハ市長ハ府縣參事會ノ裁決ヲ請フヘシ

前項ノ裁決ニ不服アル市長市會又ハ市參事會ハ内務大臣ニ訴願スルコトヲ得

第六項ノ裁決ニ付テハ府縣知事ヨリモ訴願ヲ提起スルコトヲ得

第二項ノ裁決ニ付テハ府縣知事ヨリモ訴訟ヲ提起スルコトヲ得

第九十一條　市會成立セサルトキ、第五十二條但書ノ場合ニ於テ仍會議ヲ開クコト能ハサルトキ又ハ市長ニ於テ市會ヲ招集

スルノ暇ナシト認ムルトキハ市長ハ市會ノ權限ニ屬スル事件ヲ市參事會ノ議決ニ付スルコトヲ得
前項ノ規定ニ依リ市參事會ニ於テ議決ヲ爲ストキハ市長市參與及助役ハ其ノ議決ニ加ハルコトヲ得ス
市參事會成立セサルトキ又ハ第七十條第一項但書ノ場合ニ於テ仍會議ヲ開クコト能ハサルトキハ市長ハ其ノ議決スヘキ事件ニ付府縣參事會ノ議決ヲ請フコトヲ得
市會又ハ市參事會ニ於テ其ノ議決スヘキ事件ヲ議決セサルトキハ前項ノ例ニ依ル
市會又ハ市參事會ノ決定スヘキ事件ニ關シテハ前四項ノ例ニ依ル此ノ場合ニ於ケル市參事會又ハ府縣參事會ノ決定ニ關シテハ各本條ノ規定ニ準シ訴願又ハ訴訟ヲ提起スルコトヲ得
第一項及前三項ノ規定ニ依ル處置ニ付テハ次回ノ會議ニ於テ之ヲ市會又ハ市參事會ニ報告スヘシ

第九十二條　市參事會ニ於テ議決又ハ決定スヘキ事件ニ關シ臨時急施ヲ要スル場合ニ於テ市參事會成立セサルトキ又ハ市長ニ於テ之ヲ招集スルノ暇ナシト認ムルトキハ市長ハ之ヲ專決シ次回ノ會議ニ於テ之ヲ市參事會ニ報告スヘシ
前項ノ規定ニ依リ市長ノ爲シタル處分ニ關シテハ各本條ノ規定ニ準シ訴願又ハ訴訟ヲ提起スルコトヲ得
第九十三條　市長其ノ他市吏員ハ法令ノ定ムル所ニ依リ國府縣其ノ他公共團體ノ事務ヲ掌ル
前項ノ事務ヲ執行スル爲要スル費用ハ市ノ負擔トス　但法令中別段ノ規定アルモノハ此ノ限ニ在ラス
第九十四條　市長ハ府縣知事ノ許可ヲ得テ其ノ事務ノ一部ヲ助役ニ分掌セシムルコトヲ得　但市ノ事務ニ付テハ豫メ市會ノ同意ヲ得ルコトヲ要ス
第六條ノ市ノ市長ハ前項ノ例ニ依リ其ノ事務ノ一部ヲ區長ニ

分掌セシムルコトヲ得
市長ハ市吏員ヲシテ其ノ事務ノ一部ヲ臨時代理セシムルコトヲ得

第九十五條　市參與ハ市長ノ指揮監督ヲ承ケ市ノ經營ニ屬スル特別ノ事業ヲ擔任ス

第九十六條　助役ハ市長ノ事務ヲ補助ス
助役ハ市長故障アルトキ之ヲ代理ス助役數人アルトキハ豫メ市長ノ定メタル順序ニ依リ之ヲ代理ス

第九十七條　收入役ハ市ノ出納其ノ他ノ會計事務及第九十三條ノ事務ニ關スル國府縣其ノ他公共團體ノ出納其ノ他ノ會計事務ヲ掌ル　但シ法令中別段ノ規定アルモノハ此ノ限ニ在ラス
副收入役ハ收入役ノ事務ヲ補助シ收入役故障アルトキ之ヲ代理ス副收入役數人アルトキハ豫メ市長ノ定メタル順序ニ依リ

之ヲ代理ス
市長ハ府縣知事ノ許可ヲ得テ收入役ノ事務ノ一部ヲ副收入役ニ分掌セシムルコトヲ得　但市ノ出納其ノ他ノ會計事務ニ付テハ豫メ市會ノ同意ヲ得ルコトヲ要ス
第六條ノ市ノ市長ハ前項ノ例ニ依リ收入役ノ事務ノ一部ヲ區收入役ニ分掌セシムルコトヲ得
副收入役ヲ置カサル場合ニ於テハ市ハ收入役故障アルトキ之ヲ代理スヘキ吏員ヲ定メ府縣知事ノ認可ヲ受クヘシ

第九十八條　第六條ノ市ノ區長ハ市長ノ命ヲ承ケ又ハ法令ノ定ムル所ニ依リ區內ニ關スル市ノ事務、區ノ事務ヲ掌ル
區長其ノ他區所屬ノ吏員ハ市長ノ命ヲ承ケ又ハ法令ノ定ムル所ニ依リ國府縣其ノ他公共團體ノ事務ヲ掌ル
區長故障アルトキハ區收入役及區副收入役ニ非サル區所屬ノ吏員中上席者ヨリ順次之ヲ代理ス

第一項及第二項ノ事務ヲ執行スル爲要スル費用ハ市ノ負擔トス但法令中別段ノ規定アルモノハ此ノ限ニ在ラス

第九十九條　第六條ノ市ノ區收入役ハ市收入役ノ命ヲ承ケ又ハ法令ノ定ムル所ニ依リ市及區ノ出納其ノ他ノ會計事務竝國府縣其ノ他公共團體ノ出納其ノ他ノ會計事務ヲ掌ル

區長ハ市長ノ許可ヲ得テ區收入役ノ事務ノ一部ヲ區副收入役ニ分掌セシムルコトヲ得　但區ノ出納其ノ他ノ會計事務ニ付テハ豫メ區會ノ同意ヲ得ルコトヲ要ス

市長ハ市ノ出納其ノ他ノ會計事務ニ付前項ノ許可ヲ爲ス場合ニ於テハ豫メ市會ノ同意ヲ得ルコトヲ要ス

區副收入役ヲ置カサル場合ニ於テハ市長ハ區收入役故障アルトキハ之ヲ代理スヘキ吏員ヲ定ムヘシ

區收入役及區副收入役ノ職務權限ニ關シテハ前四項ニ規定スルモノヽ外市收入役及市副收入役ニ關スル規定ヲ準用ス

第百條　名譽職區長ハ市長ノ命ヲ承ケ市長ノ事務ニシテ區內ニ關スルモノヲ補助ス

名譽職區長代理者ハ區長ノ事務ヲ補助シ區長故障アルトキ之ヲ代理ス

第百一條　委員ハ市長ノ指揮監督ヲ承ケ財產又ハ營造物ヲ管理シ其ノ他委託ヲ受ケタル市ノ事務ヲ調查シ又ハ之ヲ處辨ス

第百二條　第八十五條ノ吏員ハ市長ノ命ヲ承ケ事務ニ從事ス

第百三條　第八十六條ノ吏員ハ區長ノ命ヲ承ケ事務ニ從事ス

區長ハ前項ノ吏員ヲシテ其ノ事務ノ一部ヲ臨時代理セシムルコトヲ得

第五章　給料及給與

第百四條　名譽職市參與、市會議員、名譽職參事會員其ノ他ノ名譽職員ハ職務ノ爲要スル費用ノ辨償ヲ受クルコトヲ得

名譽職市參與、名譽職區長、名譽職區長代理者及委員ニハ費

用辨償ノ外勤務ニ相當スル報酬ヲ給スルコトヲ得
費用辨償額、報酬額及其ノ支給方法ハ市會ノ議決ヲ經テ之ヲ定ム
第百五條　市長、有給市參與、助役其ノ他ノ有給吏員ノ給料額、旅費額及其ノ支給方法ハ市會ノ議決ヲ經テ之ヲ定ム
第百六條　有給吏員ニハ市條例ノ定ムル所ニ依リ退隱料、退職給與金、死亡給與金又ハ遺族扶助料ヲ給スルコトヲ得
第百七條　費用辨償、報酬、給料、旅費、退隱料、退職給與金、死亡給與金又ハ遺族扶助料ノ給與ニ付關係者ニ於テ異議アルトキハ之ヲ市長ニ申立ツルコトヲ得
前項ノ異議ハ之ヲ市參事會ノ決定ニ付スヘシ關係者其ノ決定ニ不服アルトキハ府縣參事會ニ訴願シ其ノ裁決又ハ第三項ノ裁決ニ不服アルトキハ行政裁判所ニ出訴スルコトヲ得
前項ノ決定及裁決ニ付テハ市長ヨリモ訴願又ハ訴訟ヲ提起ス

ルコトヲ得

前二項ノ裁決ニ付テハ府縣知事ヨリモ訴訟ヲ提起スルコトヲ得

第百八條　費用辨償、報酬、給料、旅費、退隱料、退職給與金、死亡給與金、遺族扶助料其ノ他ノ給與ハ市ノ負擔トス

第六章　市ノ財務

第一款　財產營造物及市稅

第百九條　收益ノ爲ニスル市ノ財產ハ基本財產トシ之ヲ維持スヘシ

市ハ特定ノ目的ノ爲特別ノ基本財產ヲ設ケ又ハ金穀等ヲ積立ツルコトヲ得

第百十條　舊來ノ慣行ニ依リ市住民中特ニ財產又ハ營造物ヲ使用スル權利ヲ有スル者アルトキハ其ノ舊慣ニ依ル舊慣ヲ變更又ハ廢止セムトスルトキハ市會ノ議決ヲ經ヘシ

前項ノ財產又ハ營造物ヲ新ニ使用セムトスル者アルトキハ市

ハ之ヲ許可スルコトヲ得

第百十一條　市ハ前條ニ規定スル財產ノ使用方法ニ關シ市規則ヲ設クルコトヲ得

第百十二條　市ハ第百十條第一項ノ使用者ヨリ使用料ヲ徵收シ同條第二項ノ使用ニ關シテハ使用料若ハ一時ノ加入金ヲ徵收シ又ハ使用料及加入金ヲ共ニ徵入スルコトヲ得

第百十三條　市ハ營造物ノ使用ニ付使用料ヲ徵收スルコトヲ得市ハ特ニ一個人ノ爲ニスル事務ニ付手數料ヲ徵收スルコトヲ得

第百十四條　財產ノ賣却貸與、工事ノ請負及物件勞力其ノ他ノ供給ハ競爭入札ニ付スヘシ但臨時急施ヲ要スルトキ、入札ノ價額其ノ費用ニ比シテ得失相償ハサルトキ又ハ市會ノ同意ヲ得タルトキハ此ノ限ニ在ラス

第百十五條　市ハ其ノ公益上必要アル場合ニ於テハ寄附又ハ補

助ヲ爲スコトヲ得

第百十六條　市ハ其ノ必要ナル費用及從來法令ニ依リ又ハ將來法律勅令ニ依リ市ノ負擔ニ屬スル費用ヲ支辨スル義務ヲ負フ

市ハ其ノ財産ヨリ生スル收入、使用料、手數料、過料、過怠金其ノ他法令ニ依リ市ニ屬スル收入ヲ以テ前項ノ支出ニ充テ仍不足アルトキハ市税及夫役現品ヲ賦課徴收スルコトヲ得

第百十七條　市税トシテ賦課スルコトヲ得ヘキモノ左ノ如シ

一　國税府縣税ノ附加税

二　特別税

直接國税又ハ直接府縣税ノ附加税ハ均一ノ税率ヲ以テ之ヲ徴收スヘシ　但第百六十七條ノ規定ニ依リ許可ヲ受ケタル場合ハ此ノ限ニ在ラス

國税ノ附加税タル府縣税ニ對シテハ附加税ヲ賦課スルコトヲ得ス

特別税ハ別ニ税目ヲ起シテ課税スルノ必要アルトキ賦課徴收スルモノトス

第百十八條　三月以上市内ニ滯在スル者ハ其ノ滯在ノ初ニ遡リ市税ヲ納ムル義務ヲ負フ

第百十九條　市内ニ住所ヲ有セス又ハ三月以上滯在スルコトナシト雖モ市内ニ於テ土地家屋物件ヲ所有シ使用シ若ハ占有シ、市内ニ營業所ヲ設ケテ營業ヲ爲シ又ハ市内ニ於テ特定ノ行爲ヲ爲ス者ハ其ノ土地家屋物件營業若ハ其ノ收入ニ對シ又ハ其ノ行爲ニ對シテ賦課スル市税ヲ納ムル義務ヲ負フ

第百二十條　納税者ノ市外ニ於テ所有シ使用シ占有スル土地家屋物件若ハ其ノ收入又ハ市外ニ於テ營業所ヲ設ケタル營業若ハ其ノ收入ニ對シテハ市税ヲ賦課スルコトヲ得ス

市ノ内外ニ於テ營業所ヲ設ケ營業ヲ爲ス者ニシテ其ノ營業又ハ收入ニ對スル本税ヲ分別シテ納メサルモノニ對シ附加税ヲ

賦課スル場合及住所滯在市ノ内外ニ渉ル者ノ收入ニシテ土地家屋物件又ハ營業所ヲ設ケタル營業ヨリ生スル收入ニ非サルモノニ對シ市稅ヲ賦課スル場合ニ付テハ勅令ヲ以テ之ヲ定ム

第百二十一條　所得稅法第五條ニ揭クル所得ニ對シテハ市稅ヲ賦課スルコトヲ得ス

神社寺院祠宇佛堂ノ用ニ供スル建物及其ノ境內地竝敎會所說敎所ノ用ニ供スル建物及其ノ構內地ニ對シテハ市稅ヲ賦課スルコトヲ得ス　但有料ニテ之ヲ使用セシムル者及住宅ヲ以テ敎會所說敎所ノ用ニ充ツル者ニ對シテハ此ノ限ニ在ラス

國府縣市町村其ノ他公共團體ニ於テ公用ニ供スル家屋物件及營造物ニ對シテハ市稅ヲ賦課スルコトヲ得ス　但有料ニテ之ヲ使用セシムル者及使用收益者ニ對シテハ此ノ限ニ在ラス

國ノ事業又ハ行爲及國有ノ土地家屋物件ニ對シテハ國ニ市稅ヲ賦課スルコトヲ得ス

前四項ノ外市税ヲ賦課スルコトヲ得サルモノハ別ニ法律勅令ノ定ムル所ニ依ル

第百二十二條　數人ヲ利スル營造物ノ設置維持其ノ他ノ必要ナル費用ハ其ノ關係者ニ負擔セシムルコトヲ得

市ノ一部ヲ利スル營造物ノ設置維持其ノ他ノ必要ナル費用ハ其ノ部内ニ於テ市税ヲ納ムル義務アル者ニ負擔セシムルコトヲ得

前二項ノ場合ニ於テ營造物ヨリ生スル收入アルトキハ先ツ其ノ收入ヲ以テ其ノ費用ニ充ツヘシ前項ノ場合ニ於テ其ノ一部ノ收入アルトキ亦同シ

數人又ハ市ノ一部ヲ利スル財産ニ付テハ前三項ノ例ニ依ル

第百二十三條　市税及其ノ賦課徵收ニ關シテハ本法其ノ他ノ法律ニ規定アルモノヽ外勅令ヲ以テ之ヲ定ムルコトヲ得

第百二十四條　數人又ハ市ノ一部ニ對シ特ニ利益アル事件ニ關

シテハ市ハ不均一ノ賦課ヲ爲シ又ハ數人若ハ市ノ一部ニ對シ賦課ヲ爲スコトヲ得

第百二十五條　夫役又ハ現品ハ直接市税ヲ準率ト爲シ直接市税ヲ賦課セサル市ニ於テハ直接國税ヲ準率ト爲シ且之ヲ金額ニ算出シテ賦課スヘシ但第百六十七條ノ規定ニ依リ許可ヲ受ケタル場合ハ此ノ限ニ在ラス

學藝美術及手工ニ關スル勞務ニ付テハ夫役ヲ賦課スルコトヲ得ス

夫役ヲ賦課セラレタル者ハ本人自ラ之ニ當リ又ハ適當ノ代人ヲ出スコトヲ得

夫役又ハ現品ハ金錢ヲ以テ之ニ代フルコトヲ得

第一項及前項ノ規定ハ急迫ノ場合ニ賦課スル夫役ニ付テハ之ヲ適用セス

第百二十六條　非常災害ノ爲必要アルトキハ市ハ他人ノ土地ヲ

一時使用シ又ハ其ノ土石竹木其ノ他ノ物品ヲ使用シ若ハ收用スルコトヲ得　但其ノ損失ヲ補償スヘシ
前項ノ場合ニ於テ危險防止ノ爲必要アルトキハ市長、警察官吏又ハ監督官廳ハ市內ノ居住者ヲシテ防禦ニ從事セシムルコトヲ得
第一項但書ノ規定ニ依リ補償スヘキ金額ハ協議ニ依リ之ヲ定ム協議調ハサルトキハ鑑定人ノ意見ヲ徵シ府縣知事之ヲ決定ス決定ヲ受ケタル者其ノ決定ニ不服アルトキハ內務大臣ニ訴願スルコトヲ得
前項ノ決定ハ文書ヲ以テ之ヲ爲シ其ノ理由ヲ附シ之ヲ本人ニ交付スヘシ
第一項ノ規定ニ依リ土地ノ一時使用ノ處分ヲ受ケタル者其ノ處分ニ不服アルトキハ府縣知事ニ訴願シ其ノ裁決ニ不服アルトキハ內務大臣ニ訴願スルコトヲ得

第百二十七條　市稅ノ賦課ニ關シ必要アル場合ニ於テハ當該吏員ハ日出ヨリ日沒迄ノ間營業者ニ關シテハ仍其ノ營業時間內家宅若ハ營業所ニ臨檢シ又ハ帳簿物件ノ檢査ヲ爲スコトヲ得
前項ノ場合ニ於テハ當該吏員ハ其ノ身分ヲ證明スヘキ證票ヲ携帶スヘシ

第百二十八條　市長ハ納稅者中特別ノ事情アル者ニ對シ納稅延期ヲ許スコトヲ得其ノ年度ヲ越ユル場合ハ市參事會ノ議決ヲ經ヘシ
市ハ特別ノ事情アル者ニ限リ市稅ヲ減免スルコトヲ得

第百二十九條　使用料手數料及特別稅ニ關スル事項ニ付テハ市條例ヲ以テ之ヲ規定スヘシ其ノ條例中ニハ五圓以下ノ過料ヲ科スル規定ヲ設クルコトヲ得
財產又ハ營造物ノ使用ニ關シテハ市條例ヲ以テ五圓以下ノ過料ヲ科スル規定ヲ設クルコトヲ得

過料ノ處分ヲ受ケタル者其ノ處分ニ不服アルトキハ府縣參事會ニ訴願シ其ノ裁決ニ不服アルトキハ行政裁判所ニ出訴スルコトヲ得

前項ノ裁決ニ付テハ府縣知事又ハ市長ヨリモ訴訟ヲ提起スルコトヲ得

第百三十條　市税ノ賦課ヲ受ケタル者其ノ賦課ニ付違法又ハ錯誤アリト認ムルトキハ徴税令書ノ交付ヲ受ケタル日ヨリ三月以内ニ市長ニ異議ノ申立ヲ爲スコトヲ得

財産又ハ營造物ヲ使用スル權利ニ關シ異議アル者ハ之ヲ市長ニ申立ツルコトヲ得

前二項ノ異議ハ之ヲ市參事會ノ決定ニ付スヘシ決定ヲ受ケタル者其ノ決定ニ不服アルトキハ府縣參事會ニ訴願シ其ノ裁決又ハ第五項ノ裁決ニ不服アルトキハ行政裁判所ニ出訴スルコトヲ得

第一項及前項ノ規定ハ使用料手數料及加入金ノ徴收竝夫役現品ノ賦課ニ關シ之ヲ準用ス
前二項ノ規定ニ依ル決定及裁決ニ付テハ市長ヨリモ訴願又ハ訴訟ヲ提起スルコトヲ得
前三項ノ規定ニ依ル裁決ニ付テハ府縣知事ヨリモ訴訟ヲ提起スルコトヲ得

第百三十一條　市税、使用料、手數料、加入金、過料、過怠金其ノ他ノ市ノ收入ヲ定期內ニ納メサル者アルトキハ市長ハ期限ヲ指定シテ之ヲ督促スヘシ
夫役現品ノ賦課ヲ受ケタル者定期內ニ其ノ履行ヲ爲サス又ハ夫役現品ニ代フル金錢ヲ納メサルトキハ市長ハ期限ヲ指定シテ之ヲ督促スヘシ急迫ノ場合ニ賦課シタル夫役ニ付テハ更ニ之ヲ金額ニ算出シ期限ヲ指定シテ其ノ納付ヲ命スヘシ
前二項ノ場合ニ於テハ市條例ノ定ムル所ニ依リ手數料ヲ徴收

スルコトヲ得
滯納者第一項又ハ第二項ノ督促又ハ命令ヲ受ケ其ノ指定ノ期限內ニ之ヲ完納セサルトキハ國稅滯納處分ノ例ニ依リ之ヲ處分スヘシ
第一項乃至第三項ノ徵收金ハ府縣ノ徵收金ニ次テ先取特權ヲ有シ其ノ追徵還付及時效ニ付テハ國稅ノ例ニ依ル
前三項ノ處分ヲ受ケタル者其ノ處分ニ不服アルトキハ府縣參事會ニ訴願シ其ノ裁決ニ不服アルトキハ行政裁判所ニ出訴スルコトヲ得
前項ノ裁決ニ付テハ府縣知事又ハ市長ヨリモ訴訟ヲ提起スルコトヲ得
第四項ノ處分中差押物件ノ公賣ハ處分ノ確定ニ至ル迄執行ヲ停止ス
第百三十二條　市ハ其ノ負債ヲ償還スル爲、市ノ永久ノ利益ト

爲ルヘキ支出ヲ爲ス爲又ハ天災事變等ノ爲必要アル場合ニ限リ市債ヲ起スコトヲ得
市債ヲ起スニ付市會ノ議決ヲ經ルトキハ併セテ起債ノ方法、利息ノ定率及償還ノ方法ニ付議決ヲ經ヘシ
市長ハ豫算內ノ支出ヲ爲ス爲市參事會ノ議決ヲ經テ一時ノ借入金ヲ爲スコトヲ得
前項ノ借入金ハ其ノ會計年度內ノ收入ヲ以テ償還スヘシ

第二款　歲入出豫算及決算

第百三十三條　市長ハ每會計年度歲入出豫算ヲ調製シ遲クトモ年度開始ノ一月前ニ市會ノ議決ヲ經ヘシ
市ノ會計年度ハ政府ノ會計年度ニ依ル
豫算ヲ市會ニ提出スルトキハ市長ハ併セテ事務報告書及財產表ヲ提出スヘシ

第百三十四條　市長ハ市會ノ議決ヲ經テ既定豫算ノ追加又ハ更

正ヲ爲スコトヲ得

第百三十五條　市費ヲ以テ支辨スル事件ニシテ數年ヲ期シテ其ノ費用ヲ支出スヘキモノハ市會ノ議決ヲ經テ其ノ年期間各年度ノ支出額ヲ定メ繼續費ト爲スコトヲ得

第百三十六條　市ハ豫算外ノ支出又ハ豫算超過ノ支出ニ充ツル爲豫備費ヲ設クヘシ

豫備費ハ市會ノ否決シタル費途ニ充ツルコトヲ得ス

第百三十七條　豫算ハ議決ヲ經タル後直ニ之ヲ府縣知事ニ報告シ且其ノ要領ヲ告示スヘシ

第百三十八條　市ハ特別會計ヲ設クルコトヲ得

第百三十九條　市會ニ於テ豫算ヲ議決シタルトキハ市長ヨリ其ノ謄本ヲ收入役ニ交付スヘシ

收入役ハ市長又ハ監督官廳ノ命令アルニ非サレハ支拂ヲ爲スコトヲ得ス命令ヲ受クルモ支出ノ豫算ナク且豫備費支出、

費目流用其ノ他財務ニ關スル規定ニ依リ支出ヲ爲スコトヲ得サルトキ亦同シ

第百四十條　市ノ支拂金ニ關スル時效ニ付テハ政府ノ支拂金ノ例ニ依ル

第百四十一條　市ノ出納ハ每月例日ヲ定メテ之ヲ檢査シ且每會計年度少クトモ二回臨時檢査ヲ爲スヘシ
檢査ハ市長之ヲ爲シ臨時檢査ニハ名譽職參事會員ニ於テ互選シタル參事會員二人以上ノ立會ヲ要ス

第百四十二條　市ノ出納ハ翌年度六月三十日ヲ以テ閉鎖ス
決算ハ出納閉鎖後一月以内ニ證書類ヲ併セテ收入役ヨリ之ヲ市長ニ提出スヘシ市長ハ之ヲ審査シ意見ヲ付シテ次ノ通常豫算ヲ議スル會議迄ニ之ヲ市會ノ認定ニ付スヘシ
決算ハ其ノ認定ニ關スル市會ノ議決ト共ニ之ヲ府縣知事ニ報告シ且其ノ要領ヲ告示スヘシ

決算ヲ市參事會ノ會議ニ付スル場合ニ於テハ市長市參與及助役ハ其ノ議決ニ加ハルコトヲ得ス

第百四十三條　豫算調製ノ式、費目流用其ノ他財務ニ關シ必要ナル規定ハ内務大臣之ヲ定ム

第七章　市ノ一部ノ事務

第百四十四條　市ノ一部ニシテ財產ヲ有シ又ハ營造物ヲ設ケタルモノアルトキハ其ノ財產又ハ營造物ノ管理及處分ニ付テハ本法中市ノ財產又ハ營造物ニ關スル規定ニ依ル　但法律勅令中別段ノ規定アル場合ハ此ノ限ニ在ラス

前項ノ財產又ハ營造物ニ關シ特ニ要スル費用ハ其ノ財產又ハ營造物ノ屬スル市ノ一部ノ負擔トス

前二項ノ場合ニ於テハ市ノ一部ハ其ノ會計ヲ分別スヘシ

第百四十五條　前條ノ財用又ハ營造物ニ關シ必要アリト認ムルトキハ府縣知事ハ市會ノ意見ヲ徵シ府縣參事會ノ議決ヲ經テ

市條例ヲ設定シ區會ヲ設ケテ市會ノ議決スヘキ事項ヲ議決セシムルコトヲ得

第百四十六條　區會議員ハ市ノ名譽職トス其ノ定數、任期、選擧權及被選擧權ニ關スル事項ハ前條ノ市條例中ニ之ヲ規定スヘシ

區會議員ノ選擧ニ付テハ市會議員ニ關スル規定ヲ準用ス但選擧人名簿又ハ選擧若ハ當選ノ效力ニ關スル異議ノ決定及被選擧權ノ有無ノ決定ハ市會ニ於テ之ヲ爲スヘシ

區會議員ノ選擧ニ付テハ前條ノ市條例ヲ以テ選擧人ノ等級ヲ設ケサルコトヲ得

區會ニ關シテハ市會ニ關スル規定ヲ準用ス

第百四十七條　第百四十四條ノ場合ニ於テ市ノ一部府縣知事ノ處分ニ不服アルトキハ内務大臣ニ訴願スルコトヲ得

第百四十八條　第百四十四條ノ市ノ一部ノ事務ニ關シテハ本法

ニ規定スルモノヽ外勅令ヲ以テ之ヲ定ム

第八章　市町村組合

第百四十九條　市町村ハ其事務ノ一部ヲ共同處理スル爲其ノ協議ニ依リ府縣知事ノ許可ヲ得テ市町村組合ヲ設クルコトヲ得

公益上必要アル場合ニ於テハ府縣知事ハ關係アル市町村會ノ意見ヲ徵シ府縣參事會ノ議決ヲ經内務大臣ノ許可ヲ得テ前項ノ市町村組合ヲ設クルコトヲ得

市町村組合ハ法人トス

第百五十條　市町村組合ニシテ其ノ組合市町村ノ數ヲ增減シ又ハ共同事務ノ變更ヲ爲サムトスルトキハ關係市町村ノ協議ニ依リ府縣知事ノ許可ヲ受クヘシ

公益上必要アル場合ニ於テハ府縣知事ハ關係アル市町村會ノ意見ヲ徵シ府縣參事會ノ議決ヲ經内務大臣ノ許可ヲ得テ組合

市町村ノ數ヲ增減シ又ハ共同事務ノ變更ヲ爲スコトヲ得

第百五十一條　市町村組合ヲ設クルトキハ關係市町村ノ協議ニ依リ組合規約ヲ定メ府縣知事ノ許可ヲ受クヘシ組合規約ヲ變更セムトスルトキ亦同シ

公益上必要アル場合ニ於テハ府縣知事ハ關係アル市町村會ノ意見ヲ徵シ府縣參事會ノ議決ヲ經內務大臣ノ許可ヲ得テ組合規約ヲ定メ又ハ變更スルコトヲ得

第百五十二條　組合規約ニハ組合ノ名稱、組合ヲ組織スル市町村、組合ノ共同事務、組合役場ノ位置、組合會ノ組織及組合會議員ノ選擧、組合吏員ノ組織及選任並組合費用ノ支辨方法ニ付規定ヲ設クヘシ

第百五十三條　市町村組合ヲ解カムトスルトキハ關係市町村ノ協議ニ依リ府縣知事ノ許可ヲ受クヘシ

公益上必要アル場合ニ於テハ府縣知事ハ關係アル市町村會ノ

意見ヲ徴シ府縣參事會ノ議決ヲ經內務大臣ノ許可ヲ得テ市町村組合ヲ解クコトヲ得

第百五十四條　第百五十條第一項及前條第一項ノ場合ニ於テ財產ノ處分ニ關スル事項ハ關係市町村ノ協議ニ依リ府縣知事ノ許可ヲ受クヘシ

第百五十條第二項及前條第二項ノ場合ニ於テ財產ノ處分ニ關スル事項ハ關係アル市町村會ノ意見ヲ徴シ府縣參事會ノ議決ヲ經內務大臣ノ許可ヲ得テ府縣知事之ヲ定ム

第百五十五條　第百四十九條第一項第百五十條第一項第百五十一條第一項第百五十三條第一項及前條第一項ノ規定ニ依ル府縣知事ノ處分ニ不服アル市町村又ハ市町村組合ハ內務大臣ニ訴願スルコトヲ得

組合費ノ分賦ニ關シ違法又ハ錯誤アリト認ムル市町村ハ其告知アリタル日ヨリ三月以內ニ組合ノ管理者ニ異議ノ申立ヲ爲

スコトヲ得
前項ノ異議ハ之ヲ組合會ノ決定ニ付スヘシ其ノ決定ニ不服アル市町村ハ府縣參事會ニ訴願シ其ノ裁決又ハ第四項ノ裁決ニ不服アルトキハ行政裁判所ニ出訴スルコトヲ得
前項ノ決定及裁決ニ付テハ組合ノ管理者ヨリモ訴願又ハ訴訟ヲ提起スルコトヲ得
前二項ノ裁決ニ付テハ府縣知事ヨリモ訴訟ヲ提起スルコトヲ得
第百五十六條　市町村組合ニ關シテハ法律勅令中別段ノ規定アル場合ヲ除クノ外市ニ關スル規定ヲ準用ス

第九章　市ノ監督

第百五十七條　市ハ第一次ニ於テ府縣知事之ヲ監督シ第二次ニ於テ內務大臣之ヲ監督ス
第百五十八條　本法中別段ノ規定アル場合ヲ除クノ外市ノ監督

ニ關スル府縣知事ノ處分ニ不服アル市ハ內務大臣ニ訴願スルコトヲ得

第百五十九條　本法中行政裁判所ニ出訴スルコトヲ得ヘキ場合ニ於テハ內務大臣ニ訴願スルコトヲ得ス

第百六十條　異議ノ申立又ハ訴願ノ提起ハ處分決定又ハ裁決アリタル日ヨリ二十一日以內ニ之ヲ爲スヘシ　但本法中別ニ期間ヲ定メタルモノハ此ノ限ニ在ラス

行政訴訟ノ提起ハ處分決定裁定又ハ裁決アリタル日ヨリ三十日以內ニ之ヲ爲スヘシ

異議ノ申立ニ關スル期間ノ計算ニ付テハ訴願法ノ規定ニ依ル

異議ノ申立ハ期限經過後ニ於テモ宥恕スヘキ事由アリト認ムルトキハ仍之ヲ受理スルコトヲ得

異議ノ決定ハ文書ヲ以テ之ヲ爲シ其ノ理由ヲ附シ之ヲ申立人ニ交付スヘシ

異議ノ申立アルモ處分ノ執行ハ之ヲ停止セス但シ行政廳ハ其ノ職權ニ依リ又ハ關係者ノ請求ニ依リ必要ト認ムルトキハ之ヲ停止スルコトヲ得

第百六十一條　監督官廳ハ市ノ監督上必要アル場合ニ於テハ事務ノ報告ヲ爲サシメ、書類帳簿ヲ徵シ及實地ニ就キ事務ヲ視察シ又ハ出納ヲ檢閱スルコトヲ得

監督官廳ハ市ノ監督上必要ナル命令ヲ發シ又ハ處分ヲ爲スコトヲ得

上級監督官廳ハ下級監督官廳ノ市ノ監督ニ關シテ爲シタル命令又ハ處分ヲ停止シ又ハ取消スコトヲ得

第百六十二條　內務大臣ハ市會ノ解散ヲ命スルコトヲ得

市會解散ノ場合ニ於テハ三月以內ニ議員ヲ選擧スヘシ

第百六十三條　市ニ於テ法令ニ依リ負擔シ又ハ當該官廳ノ職權ニ依リ命スル費用ヲ豫算ニ載セサルトキハ府縣知事ハ理由ヲ

示シテ其ノ費用ヲ豫算ニ加フルコトヲ得

市長其ノ他ノ吏員其ノ執行スヘキ事件ヲ執行セサルトキハ府縣知事又ハ其ノ委任ヲ受ケタル官吏吏員之ヲ執行スルコトヲ得但シ其ノ費用ハ市ノ負擔トス

前二項ノ處分ニ不服アル市又ハ市長其ノ他ノ吏員ハ行政裁判所ニ出訴スルコトヲ得

第百六十四條　市長、助役、收入役又ハ副收入役ニ故障アルトキハ監督官廳ハ臨時代理者ヲ選任シ又ハ官吏ヲ派遣シ其ノ職務ヲ管掌セシムルコトヲ得　但官吏ヲ派遣シタル場合ニ於テハ其ノ旅費ハ市費ヲ以テ辨償セシムヘシ

臨時代理者ハ有給ノ市吏員トシ其ノ給料額旅費額等ハ監督官廳之ヲ定ム

第百六十五條　左ニ揭クル事件ハ内務大臣ノ許可ヲ受クヘシ

一　市條例ヲ設ケ又ハ改廢スル事

二　學藝美術又ハ歷史上貴重ナル物件ヲ處分シ又ハ之ニ大ナル變更ヲ加フル事

第百六十六條　左ニ揭クル事件ハ內務大臣及大藏大臣ノ許可ヲ受クヘシ

一　市債ヲ起シ竝起債ノ方法、利息ノ定率及償還ノ方法ヲ定メ又ハ之ヲ變更スル事　但第百三十二條第三項ノ借入金ハ此ノ限ニ在ラス

二　特別稅ヲ新設シ增額シ又ハ變更スル事

三　間接國稅ノ附加稅ヲ賦課スル事

四　使用料手數料及加入金ヲ新設シ增額シ又ハ變更スル事

第百六十七條　左ニ揭クル事件ハ府縣知事ノ許可ヲ受クヘシ

一　基本財產ノ管理及處分ニ關スル事

二　特別基本財產及積立金穀等ノ管理及處分ニ關スル事

三　第百十條ノ規定ニ依リ舊慣ヲ變更又ハ廢止スル事

四　寄附又ハ補助ヲ爲ス事
五　不動産ノ管理及處分ニ關スル事
六　均一ノ税率ニ依ラスシテ國税又ハ府縣税ノ附加税ヲ賦課スル事
七　第百二十二條第一項第二項及第四項ノ規定ニ依リ數人又ハ市ノ一部ニ費用ヲ負擔セシムル事
八　第百二十四條ノ規定ニ依リ不均一ノ賦課ヲ爲シ又ハ數人若ハ市ノ一部ニ對シ賦課ヲ爲ス事
九　第百二十五條ノ準率ニ依ラスシテ夫役現品ヲ賦課スル事但シ急迫ノ場合ニ賦課スル夫役ニ付テハ此ノ限ニ在ラス
十　繼續費ヲ定メ又ハ變更スル事
第百六十八條　監督官廳ノ許可ヲ要スル事件ニ付テハ監督官廳ハ許可申請ノ趣旨ニ反セスト認ムル範圍内ニ於テ更正シテ許可ヲ與フルコトヲ得

第百六十九條　監督官廳ノ許可ヲ要スル事件ニ付テハ勅令ノ定ムル所ニ依リ其ノ許可ノ職權ヲ下級監督官廳ニ委任シ又ハ輕易ナル事件ニ限リ許可ヲ受ケシメサルコトヲ得

第百七十條　府縣知事ハ市長、市參與、助役、收入役、副收入役、區長、區長代理者、委員其ノ他ノ市吏員ニ對シ懲戒ヲ行フコトヲ得其ノ懲戒處分ハ譴責、二十五圓以下ノ過怠金及解職トス　但市長、市參與、助役、收入役、副收入役及第六條又ハ第八十二條第三項ノ市ノ區長ニ對スル解職ハ懲戒審査會ノ議決ヲ經市長ニ付テハ勅裁ヲ經ルコトヲ要ス

懲戒審査會ハ內務大臣ノ命シタル府縣高等官三人及府縣名譽職參事會員ニ於テ互選シタル者三人ヲ以テ其ノ會員トシ府縣知事ヲ以テ會長トス知事故障アルトキハ其ノ代理者會長ノ職務ヲ行フ

府縣名譽職參事會員ノ互選スヘキ會員ノ選擧補闕及任期竝懲

戒審査會ノ招集及會議ニ付テハ府縣制中名譽職參事會員及府縣參事會ニ關スル規定ヲ準用ス　但補充員ハ之ヲ設クルノ限ニ在ラス
解職ノ處分ヲ受ケタル者其ノ處分ニ不服アルトキハ内務大臣ニ訴願スルコトヲ得　但市長ニ付テハ此ノ限ニ在ラス
府縣知事ハ市長、市參與、助役、收入役、副收入役及第六條又ハ第八十二條第三項ノ市ノ區長ノ解職ヲ行ハムトスル前其ノ停職ヲ命スルコトヲ得此ノ場合ニ於テハ其ノ停職期間報酬又ハ給料ヲ支給スルコトヲ得ス
懲戒ニ依リ解職セラレタル者ハ二年間市町村ノ公職ニ選擧セラレ又ハ任命セラルルコトヲ得ス
第百七十一條　市吏員ノ服務紀律、賠償責任、身元保證及事務引繼ニ關スル規定ハ命令ヲ以テ之ヲ定ム
前項ノ命令ニハ事務引繼ヲ拒ミタル者ニ對シ二十五圓以下ノ

過料ヲ科スル規定ヲ設クルコトヲ得

第十章　雜則

第百七十二條　府縣知事又ハ府縣參事會ノ職權ニ屬スル事件ニシテ數府縣ニ渉ルモノアルトキハ内務大臣ハ關係府縣知事ノ具狀ニ依リ其ノ事件ヲ管理スヘキ府縣知事又ハ府縣參事會ヲ指定スヘシ

第百七十三條　本法ニ規定スルモノノ外第六條ノ市ノ有給吏員ノ組織任用分限及其ノ區ニ關シ必要ナル事項ハ勅令ヲ以テ之ヲ定ム

第百七十四條　第十三條ノ人口ハ内務大臣ノ定ムル所ニ依ル

第百七十五條　本法ニ於ケル直接稅及間接稅ノ種類ハ内務大臣及大藏大臣之ヲ定ム

第百七十六條　市又ハ市町村組合ノ廢置分合又ハ境界變更アリタル場合ニ於テ市ノ事務ニ付必要ナル事項ハ本法ニ規定スル

モノハ外勅令ヲ以テ之ヲ定ム

第百七十七條　本法ハ町村制第百五十七條ノ地域ニ之ヲ施行セス

附則

第百七十八條　本法施行ノ期日ハ勅令ヲ以テ之ヲ定ム

第百七十九條　本法施行ノ際現ニ市會議員又ハ區會議員ノ職ニ在ル者ハ從前ノ規定ニ依ル最近ノ定期改選期ニ於テ其ノ職ヲ失フ

本法施行ノ際現ニ市長助役又ハ收入役ノ職ニ在ル者ハ從前ノ規定ニ依ル任期滿了ノ日ニ於テ其ノ職ヲ失フ

第百八十條　舊刑法ノ重罪ノ刑ニ處セラレタル者ハ本法ノ適用ニ付テハ六年ノ懲役又ハ禁錮以上ノ刑ニ處セラレタル者ト看做ス　但復權ヲ得タル者ハ此ノ限ニ在ラス

舊刑法ノ禁錮以上ノ刑ハ本法ノ適用ニ付テハ禁錮以上ノ刑ト

看做ス
第百八十一條　本法施行ノ際必要ナル規定ハ命令ヲ以テ之ヲ定ム

町村制

◉町村制

明治四十四年四月法律第六十九號

町村制

第一章　總則

第一款　町村及其ノ區域

第一條　町村ハ從來ノ區域ニ依ル

第二條　町村ハ法人トス官ノ監督ヲ承ケ法令ノ範圍内ニ於テ其ノ公共事務竝從來法令又ハ慣例ニ依リ及將來法律勅令ニ依リ町村ニ屬スル事務ヲ處理ス

第三條　町村ノ廢置分合又ハ境界變更ヲ爲サムトスルトキハ府縣知事ハ關係アル市町村會ノ意見ヲ徴シ府縣參事會ノ議決ヲ經內務大臣ノ許可ヲ得テ之ヲ定ム所屬未定地ヲ町村ノ區域ニ編入セムトスル時亦同シ
前項ノ場合ニ於テ財產アルトキハ其ノ處分ニ關シテハ前項ノ例ニ依ル
第一項ノ場合ニ於テ市ノ廢置分合ヲ伴フトキハ市制第三條ノ規定ニ依ル
第四條　町村ノ境界ニ關スル爭論ハ府縣參事會之ヲ裁定ス其ノ裁定ニ不服アル町村ハ行政裁判所ニ出訴スルコトヲ得
町村ノ境界判明ナラサル場合ニ於テ前項ノ爭論ナキトキハ府縣知事ハ府縣參事會ノ決定ニ付スヘシ其ノ決定ニ不服アル町村ハ行政裁判所ニ出訴スルコトヲ得
第一項ノ裁定及前項ノ決定ハ文書ヲ以テ之ヲ爲シ其ノ理由ヲ

附シ之ヲ關係町村ニ交付スヘシ
第一項ノ裁定及第二項ノ決定ニ付テハ府縣知事ヨリモ訴訟ヲ提起スルコトヲ得
第五條　町村ノ名稱ヲ變更シ又ハ村ヲ町ト爲シ若ハ町ヲ村ト爲サムトスルトキハ町村ハ内務大臣ノ許可ヲ受クヘシ
町村役場ノ位置ヲ定メ又ハ之ヲ變更セムトスルトキハ町村ハ府縣知事ノ許可ヲ受クヘシ

第二款　町村住民及其ノ權利義務

第六條　町村内ニ住所ヲ有スル者ハ其ノ町村住民トス
町村住民ハ本法ニ従ヒ町村ノ財産及營造物ヲ共用スル權利ヲ有シ町村ノ負擔ヲ分任スル義務ヲ負フ
第七條　帝國臣民ニシテ獨立ノ生計ヲ營ム年齢二十五年以上ノ男子二年以來町村ノ住民ト爲リ其ノ町村ノ負擔ヲ分任シ且其ノ町村内ニ於テ地租ヲ納メ若ハ直接國税年額二圓以上ヲ納ム

ルトキハ其ノ町村公民トス　但貧困ノ爲公費ノ救助ヲ受ケタル後二年ヲ經サル者、禁治產者、準禁治產者及六年ノ懲役又ハ禁錮以上ノ刑ニ處セラレタル者ハ此ノ限ニ在ラス
町村ハ前項二年ノ制限ヲ特免スルコトヲ得
家督相續ニ依リ財產ヲ取得シタル者ニ付テハ其ノ財產ニ付被相續人ノ爲シタル納稅ヲ以テ其ノ者ノ納稅シタルモノト看做ス
町村公民ノ要件中其ノ年限ニ關スルモノハ市町村ノ廢置分合又ハ境界變更ノ爲中斷セラルヽコトナシ
町村稅ヲ賦課セサル町村ニ於テハ町村公民ノ要件中町村ノ負擔分任ニ關スル規定ヲ適用セス
町村公民ノ數町村會議員定數ノ三倍ヨリ少キ場合ニ於テハ町村ハ町村公民ノ要件ニ關シ町村條例ヲ以テ別段ノ規定ヲ設クルコトヲ得

第八條　町村公民ハ町村ノ選擧ニ參與シ町村ノ名譽職ニ選擧セラル、權利ヲ有シ町村ノ名譽職ヲ擔任スル義務ヲ負フ
左ノ各號ノ一ニ該當セサル者ニシテ名譽職ノ當選ヲ辭シ又ハ其ノ職ヲ辭シ若ハ其ノ職務ヲ實際ニ執行セサルトキハ町村ハ一年以上四年以下其ノ町村公民權ヲ停止シ場合ニ依リ其ノ停止期間以内其ノ者ノ負擔スヘキ町村稅ノ十分ノ一以上四分ノ一以下ヲ增課スルコトヲ得
一　疾病ニ罹リ公務ニ堪ヘサル者
二　業務ノ爲常ニ町村內ニ居ルコトヲ得サル者
三　年齡六十年以上ノ者
四　官公職ノ爲町村ノ公務ヲ執ルコトヲ得サル者
五　四年以上名譽職町村吏員、町村會議員又ハ區會議員ノ職ニ任シ爾後同一ノ期間ヲ經過セサル者
六　其ノ他町村會ノ議決ニ依リ正當ノ理由アリト認ムル者

前項ノ處分ヲ受ケタル者其ノ處分ニ不服アルトキハ府縣參事會ニ訴願シ其ノ裁決ニ不服アルトキハ行政裁判所ニ出訴スルコトヲ得

第二項ノ處分ハ其ノ確定ニ至ル迄執行ヲ停止ス

第三項ノ裁決ニ付テハ府縣知事又ハ町村長ヨリモ訴訟ヲ提起スルコトヲ得

第九條　町村公民第七條第一項ニ掲ケタル要件ノ一ヲ闕キ又ハ同項但書ニ當ルニ至リタルトキハ其ノ公民權ヲ失フ

町村公民租稅滯納處分中ハ其ノ公民權ヲ停止ス家資分散若ハ破產ノ宣告ヲ受ケ其ノ確定シタルトキヨリ復權ノ決定確定スルニ至ル迄又ハ禁錮以上ノ刑ノ宣告ヲ受ケタルトキヨリ其ノ執行ヲ終リ若ハ其ノ執行ヲ受クルコトナキニ至ル迄亦同シ

陸海軍ノ現役ニ服スル者ハ町村ノ公務ニ參與スルコトヲ得ス其ノ他ノ兵役ニ在ル者ニシテ戰時又ハ事變ニ際シ召集セラレ

タルトキ亦同シ

第三款　町村條例及町村規則

第十條　町村ハ町村住民ノ權利義務又ハ町村ノ事務ニ關シ町村條例ヲ設クルコトヲ得

町村ハ町村ノ營造物ニ關シ町村條例ヲ以テ規定スルモノヽ外町村規則ヲ設クルコトヲ得

町村條例及町村規則ハ一定ノ公告式ニ依リ之ヲ告示スヘシ

第二章　町村會

第一款　組織及選擧

第十一條　町村會議員ハ其ノ被選擧權アル者ニ就キ選擧人之ヲ選擧ス

議員ノ定數左ノ如シ

一　人口千五百未滿ノ町村　八人

二　人口千五百以上五千未滿ノ町村　十二人

三　人口五千以上一萬未滿ノ町村　十八人
四　人口一萬以上二萬未滿ノ町村　二十四人
五　人口二萬以上ノ町村　三十人
議員ノ定數ハ町村條例ヲ以テ特ニ之ヲ增減スルコトヲ得
議員ノ定數ハ總選擧ヲ行フ場合ニ非サレハ之ヲ增減セス　但著シク人口ノ增減アリタル場合ニ於テ內務大臣ノ許可ヲ得タルトキハ此ノ限ニ在ラス

第十二條　町村公民ハ總テ選擧權ヲ有ス　但公民權停止中ノ者又ハ第九條第三項ノ場合ニ當ル者ハ此ノ限ニ在ラス
帝國臣民ニシテ直接町村稅ヲ納ムル者其ノ額町村公民ノ最多ク納稅スル者三人中ノ一人ヨリモ多キトキハ第七條第一項ノ要件ニ當ラスト雖モ選擧權ヲ有ス　但六年ノ懲役又ハ禁錮以上ノ刑ニ處セラレタル者及第九條第二項ノ公民權停止ノ條件又ハ同條第三項ノ場合ニ當ル者ハ此ノ限ニ在ラス

法人ニ關シテモ亦前項ノ例ニ依ル
直接町村税ヲ賦課セサル町村ニ於テハ其ノ町村内ニ於テ納ムル直接國税額ニ依リ前二項ノ規定ヲ適用ス
前三項ノ直接町村税及直接國税ノ納額ハ選擧人名簿調製期日ノ屬スル會計年度ノ前年度ノ賦課額ニ依ルヘシ

第十三條　選擧人ハ分チテ二級トス
選擧人中直接町村税ノ納額最多キ者ヲ合セテ選擧人全員ノ納ムル總額ノ半ニ當ルヘキ者ヲ一級トシ其ノ他ノ選擧人ヲ二級トス　但一級選擧人ノ數議員定數ノ二分ノ一ヨリ少キトキハ納額最多キ者議員定數ノ二分ノ一ト同數ヲ以テ一級トス
一級二級ノ間納税額兩級ニ跨ル者アルトキハ一級ニ入ルヘシ
兩級ノ間ニ同額ノ納税者二人以上アルトキハ其ノ町村内ニ住所ヲ有スル年數ノ多キ者ヲ以テ一級ニ入ル住所ヲ有スル年數同シキトキハ年長者ヲ以テシ年齢ニ依リ難キトキハ町村長抽

籤シテ之ヲ定ムヘシ
選擧人ハ每級各別ニ議員定數ノ半數ヲ選擧ス
被選擧人ハ各級ニ通シテ選擧セラルヽコトヲ得
直接町村稅ヲ賦課セサル町村ニ於テハ第二項及第三項ノ納稅額ハ選擧人ノ町村內ニ於テ納ムル直接國稅額ニ依ルヘシ
第二項第三項及前項ノ直接町村稅及直接國稅ノ納額ニ關シテハ前條第五項ノ規定ヲ適用ス
特別ノ事情アリテ前七項ノ例ニ依リ難キ町村ニ於テハ町村條例ヲ以テ特例ヲ設クルコトヲ得
第十四條　特別ノ事情アルトキハ町村ハ郡長ノ許可ヲ得區畫ヲ定メテ選擧分會ヲ設クルコトヲ得二級選擧ノ爲ノミニ付亦同シ
第十五條　選擧權ヲ有スル町村公民ハ被選擧權ヲ有ス
左ニ揭クル者ハ被選擧權ヲ有セス其ノ之ヲ罷メタル後一月ヲ

經過セサル者亦同シ
一　所屬府縣郡ノ官吏及有給吏員
二　其ノ町村ノ有給吏員
三　檢事警察官吏及收税官吏
四　神官神職僧侶其ノ他諸宗教師
五　小學校敎員
町村ニ對シ請負ヲ爲ス者及其ノ支配人又ハ主トシテ同一ノ行爲ヲ爲ス法人ノ無限責任社員、重役及支配人ハ其ノ町村ニ於テ被選擧權ヲ有セス
父子兄弟タル緣故アル者ハ同時ニ町村會議員ノ職ニ在ルコトヲ得ス其ノ同時ニ選擧セラレタルトキハ同級ニ在リテハ得票ノ數ニ依リ其ノ多キ者一人ヲ當選者トシ同數ナルトキ又ハ等級ヲ異ニシテ選擧セラレタルトキハ年長者ヲ當選者トス其ノ時ヲ異ニシテ選擧セラレタルトキハ後ニ選擧セラレタル者議

員タルコトヲ得ス
議員ト爲リタル後前項ノ緣故ヲ生シタル場合ニ於テハ年少者其ノ職ヲ失フ
町村長又ハ助役ト父子兄弟タル緣故アル者ハ町村會議員ノ職ニ在ルコトヲ得ス
第十六條　町村會議員ハ名譽職トス
議員ノ任期ハ四年トシ總選擧ノ第一日ヨリ之ヲ起算ス
議員ノ定數ニ異動ヲ生シタル爲解任ヲ要スル者アルトキハ每級各別ニ町村長抽籤シテ之ヲ定ム　但解任ヲ要スル等級ニ闕員アルトキハ其ノ闕員ヲ以テ之ニ充ツヘシ
議員ノ定數ニ異動ヲ生シタル爲新ニ選擧セラレタル議員ハ總選擧ニ依リ選擧セラレタル議員ノ任期滿了ノ日迄在任ス
第十七條　町村會議員中闕員ヲ生シ其ノ闕員議員定數ノ三分ノ一以上ニ至リタルトキ又ハ郡長町村長若ハ町村會ニ於テ必要

ト認ムルトキハ補闕選擧ヲ行フヘシ
補闕議員ハ其ノ前任者ノ殘任期間在任ス
補闕議員ハ前任者ノ選擧セラレタル等級ニ於テ之ヲ選擧スヘシ

第十八條　町村長ハ選擧期日前六十日ヲ期トシ其ノ日ノ現在ニ依リ選擧人ノ資格ヲ記載セル選擧人名簿ヲ調製スヘシ
町村長ハ選擧期日前四十日ヲ期トシ其ノ日ヨリ七日間毎日午前八時ヨリ午後四時迄町村役場又ハ告示シタル場所ニ於テ選擧人名簿ヲ關係者ノ縱覽ニ供スヘシ關係者ニ於テ異議アルトキハ縱覽期間內ニ之ヲ町村長ニ申立ツルコトヲ得此ノ場合ニ於テハ町村長ハ縱覽期間滿了後三日以內ニ町村會ノ決定ニ付スヘシ町村會ハ其ノ送付ヲ受ケタル日ヨリ七日以內ニ之ヲ決定スヘシ
前項ノ決定ニ不服アル者ハ府縣參事會ニ訴願シ其ノ裁決又ハ

第四項ノ裁決ニ不服アル者ハ行政裁判所ニ出訴スルコトヲ得
第二項ノ決定及前項ノ裁決ニ付テハ町村長ヨリモ訴願又ハ訴訟ヲ提起スルコトヲ得
前二項ノ裁決ニ付テハ府縣知事ヨリモ訴訟ヲ提起スルコトヲ得
前四項ノ場合ニ於テ決定若ハ裁決確定シ又ハ判決アリタルニ依リ名簿ノ修正ヲ要スルトキハ町村長ハ其ノ確定期日前ニ修正ヲ加フヘシ
選舉人名簿ハ選擧期日前三日ヲ以テ確定ス
確定名簿ハ第三條ノ處分アリタル場合ニ於テ府縣知事ノ指定スルモノヲ除クノ外其ノ確定シタル日ヨリ一年以内ニ於テ行フ選擧ニ之ヲ用ウ　但名簿確定後裁決確定シ又ハ判決アリタルニ依リ名簿ノ修正ヲ要スルトキハ選擧ヲ終リタル後ニ於テ次ノ選擧期日前四日迄ニ之ヲ修正スヘシ

選擧人名簿ヲ修正シタルトキハ町村長ハ直ニ其ノ要領ヲ告示スヘシ
選擧分會ヲ設クルトキハ町村長ハ確定名簿ニ依リ分會ノ區畫每ニ名簿ノ抄本ヲ調製スヘシ
確定名簿ニ登錄セラレサル者ハ選擧ニ參與スルコトヲ得ス但選擧人名簿ニ登錄セラルヘキ確定裁決書又ハ判決書ヲ所持シ選擧ノ當日選擧會場ニ到ル者ハ此ノ限ニ在ラス
前項但書ノ選擧人ハ等級ノ標準タル直接町村稅又ハ直接國稅ニ依リ其ノ者ノ納額ニシテ名簿ニ登錄セラレタル一級選擧人中ノ最少額ヨリ多キトキハ一級ニ於テ其ノ他ハ二級ニ於テ選擧ヲ行フヘシ　但直接町村稅又ハ直接國稅ヲ以テ等級ノ標準ト爲サヽル町村ニ於テハ選擧長ノ定ムル所ニ依ル
確定名簿ニ登錄セラレタル者選擧權ヲ有セサルトキハ選擧ニ參與スルコトヲ得ス　但名簿ハ之ヲ修正スル限ニ在ラス

第二項乃至第五項ノ場合ニ於テ決定若ハ裁決確定シ又ハ判決アリタルニ依リ名簿無效ト爲リタルトキハ更ニ名簿ヲ調製スヘシ其ノ名簿ノ調製、縱覽、修正、確定及異議ノ決定ニ關スル期日、期限及期間ハ郡長ノ定ムル所ニ依ル名簿ノ喪失シタルトキ亦同シ

選擧人名簿調製後ニ於テ選擧期日ヲ變更スルコトアルモ其ノ名簿ヲ用ヰ縱覽、修正、確定及異議ノ決定ニ關スル期日、期限及期限ハ前選擧期日ニ依リ之ヲ算定ス

第十九條　町村長ハ選擧期日前少クトモ七日間選擧會場、投票ノ日時及各級ヨリ選擧スヘキ議員數ヲ告示スヘシ選擧分會ヲ設クル場合ニ於テハ併セテ其ノ等級及區畫ヲ告示スヘシ

選擧分會ノ選擧ハ本會ト同日時ニ之ヲ行フヘシ天災事變等ニ依リ同日時ニ選擧ヲ行フコト能ハサルトキハ町村長ハ其ノ選擧ヲ終ラサル選擧會又ハ選擧分會ノミニ關シ更ニ選擧會場及

投票ノ日時ヲ告示シ選擧ヲ行フヘシ
選擧ヲ行フ順序ハ先ツ二級ノ選擧ヲ行ヒ次ニ一級ノ選擧ヲ行フヘシ天災事變等ニ依リ選擧ヲ行フコト能ハサルニ至リタルトキハ町村長ハ其ノ選擧ヲ終ラサル等級ノミニ關シ更ニ選擧會場及投票ノ日時ヲ告示シ選擧ヲ行フヘシ

第二十條　町村長ハ選擧長ト爲リ選擧會ヲ開閉シ其ノ取締ニ任ス
選擧分會ハ町村長ノ指名シタル吏員選擧分會長ト爲リ之ヲ開閉シ其ノ取締ニ任ス
町村長ハ選擧人中ヨリ二人乃至四人ノ選擧立會人ヲ選任スヘシ
但選擧分會ヲ設ケタルトキハ各別ニ選擧立會人ヲ設クヘシ
選擧立會人ハ名譽職トス

第二十一條　選擧人ニ非サル者ハ選擧會場ニ入ルコトヲ得ス

但選擧會場ノ事務ニ從事スル者、選擧會場ヲ監視スル職權ヲ有スル者又ハ警察官吏ハ此ノ限ニ在ラス

選擧會場ニ於テ演說討論ヲ爲シ若ハ喧擾ニ涉リ又ハ投票ニ關シ協議若ハ勸誘ヲ爲シ其ノ他選擧會場ノ秩序ヲ紊ス者アルトキハ選擧長又ハ分會長ハ之ヲ制止シ命ニ從ハサルトキハ之ヲ選擧會場外ニ退出セシムヘシ

前項ノ規定ニ依リ退出セシメラレタル者ハ最後ニ至リ投票ヲ爲スコトヲ得　但選擧長又ハ分會長會場ノ秩序ヲ紊スノ虞ナシト認ムル場合ニ於テ投票ヲ爲サシムルヲ妨ケス

第二十二條　選擧ハ無記名投票ヲ以テ之ヲ行フ

投票ハ一人一票ニ限ル

選擧人ハ選擧ノ當日投票時間內ニ自ラ選擧會場ニ到リ選擧人名簿又ハ其ノ抄本ノ對照ヲ經テ投票ヲ爲スヘシ

投票時間內ニ選擧會場ニ入リタル選擧人ハ其時間ヲ過クルモ

投票ヲ爲スコトヲ得

選擧人ハ選擧會場ニ於テ投票用紙ニ自ラ被選擧人一人ノ氏名ヲ記載シテ投函スヘシ　但確定名簿ニ登錄セラレタル毎級選擧人ノ數其ノ選擧スヘキ議員數ノ三倍ヨリ少キ場合ニ於テハ連名投票ノ法ヲ用ウヘシ

自ラ被選擧人ノ氏名ヲ書スルコト能ハサル者ハ投票ヲ爲スコトヲ得ス

投票用紙ハ町村長ノ定ムル所ニ依リ一定ノ式ヲ用ウヘシ

選擧分會ニ於テ爲シタル投票ハ分會長少クトモ一人ノ選擧立會人ト共ニ投票函ノ儘之ヲ本會ニ送致スヘシ

第二十三條　增員選擧及補闕選擧ヲ同時ニ行フ場合ニ於テハ一ノ選擧ヲ以テ合併シテ之ヲ行フ

第二十四條　第十二條第二項又ハ第三項ノ規定ニ依リ選擧權ヲ有スル者ハ代人ヲ出シテ選擧ヲ行フコトヲ得　但年齡二十五

年以上ノ男子ニ非サル者、禁治產者及準禁治產者ハ必ス代人ヲ以テスヘシ
代人ハ帝國臣民ニシテ年齡二十五年以上ノ男子ニ限ル第七條第一項但書ニ當ル者、第八條第二項ノ規定ニ依ル公民權停止中ノ者及第九條第二項ノ公民權停止ノ條件又ハ同條第三項ノ場合ニ當ル者ハ代人タルコトヲ得ス又一人ニシテ數人ノ代理ヲ爲スコトヲ得ス
代人ハ委任狀其ノ他代理ヲ證スル書面ヲ選擧長又ハ分會長ニ示スヘシ
第二十五條　左ノ投票ハ之ヲ無效トス
一　成規ノ用紙ヲ用ヰサルモノ
二　現ニ町村會議員ノ職ニ在ル者ノ氏名ヲ記載シタルモノ
三　一投票中二人以上ノ被選擧人ノ氏名ヲ記載シタルモノ
四　被選擧人ノ何人タルカヲ確認シ難キモノ

五　被選擧權ナキ者ノ氏名ヲ記載シタルモノ
六　被選擧人ノ氏名ノ外他事ヲ記入シタルモノ　但爵位職業身分住所又ハ敬稱ノ類ヲ記入シタルモノハ此ノ限ニ在ラス
連名投票ノ法ヲ用ヰタル場合ニ於テハ前項第一號及第六號ニ該當スルモノ竝其ノ記載ノ人員選擧スヘキ定數ニ過キタルモノハ之ヲ無效トシ前項第二號第四號及第五號ニ該當スルモノハ其ノ部分ノミヲ無效トス
第二十六條　投票ノ拒否及效力ハ選擧立會人之ヲ決定ス可否同數ナルトキハ選擧長之ヲ決スヘシ
選擧分會ニ於ケル投票ノ拒否ハ其ノ選擧立會人之ヲ決定ス可否同數ナルトキハ分會長之ヲ決スヘシ
第二十七條　町村會議員ノ選擧ハ有效投票ノ最多數ヲ得タル者ヲ以テ當選者トス　但各級ニ於テ選擧スヘキ議員數ヲ以テ選

擧人名簿ニ登錄セラレタル各級ノ人員數ヲ除シテ得タル數ノ七分ノ一以上ノ得票アルコトヲ要ス
前項ノ規定ニ依リ當選者ヲ定ムルニ當リ得票ノ數同シキトキハ年長者ヲ取リ年齡同シキトキハ選擧長抽籤シテ之ヲ定ムヘシ

第二十八條　選擧長又ハ分會長ハ選擧錄ヲ調製シテ選擧又ハ投票ノ顚末ヲ記載シ選擧又ハ投票ヲ終リタル後之ヲ朗讀シ選擧立會人二人以上ト共ニ之ニ署名スヘシ
選擧分會長ハ投票函ト同時ニ選擧錄ヲ本會ニ送致スヘシ
選擧錄ハ投票、選擧人名簿其ノ他ノ關係書類ト共ニ選擧及當選ノ效力確定スルニ至ル迄之ヲ保存スヘシ

第二十九條　當選者定マリタルトキハ町村長ハ直ニ當選者ニ當選ノ旨ヲ告知スヘシ
當選者當選ヲ辭セムトスルトキハ當選ノ告知ヲ受ケタル日ヨ

リ五日以内ニ之ヲ町村長ニ申立ツヘシ
一人ニシテ兩級ニ於テ當選シタルトキハ最終ニ當選ノ告知ヲ受ケタル日ヨリ五日以內ニ何レノ當選ニ應スヘキカヲ町村長ニ申立ツヘシ其ノ期間內ニ之ヲ申立テサルトキハ町村長抽籤シテ之ヲ定ム
第十五條第二項ニ揭ケサル官吏ニシテ當選シタル者ハ所屬長官ノ許可ヲ受クルニ非サレハ之ニ應スルコトヲ得ス
前項ノ官吏ハ當選ノ告知ヲ受ケタル日ヨリ二十日以內ニ之ニ應スヘキ旨ヲ町村長ニ申立テサルトキハ其ノ當選ヲ辭シタルモノト看做ス第三項ノ場合ニ於テ何レノ當選ニ應スヘキカヲ申立テサルトキハ總テ之ヲ辭シタルモノト看做ス
第三十條　町村會議員ノ當選ヲ辭シタル者アルトキハ町村長ハ直ニ之ヲ補フヘキ當選者ヲ定ムヘシ此ノ場合ニ於テハ第二十七條ノ規定ヲ準用ス

第三十一條　選擧ヲ終リタルトキハ町村長ハ直ニ選擧錄ノ謄本ヲ添ヘ之ヲ郡長ニ報告スヘシ

第二十九條第二項ノ期間ヲ經過シタルトキ、同條第三項若ハ第五項ノ申立アリタルトキ又ハ同條第三項ノ規定ニ依リ抽籤ヲ爲シタルトキハ町村長ハ直ニ當選者ノ住所氏名ヲ告示シ併セテ之ヲ郡長ニ報告スヘシ

第三十二條　選擧ノ規定ニ違反スルコトアルトキハ選擧ノ結果ニ異動ヲ生スルノ虞アル場合ニ限リ其ノ選擧ノ全部又ハ一部ヲ無效トス

第三十三條　選擧人選擧又ハ當選ノ效力ニ關シ異議アルトキハ選擧ニ關シテハ選擧ノ日ヨリ當選ニ關シテハ第三十一條第二項ノ告示ノ日ヨリ七日以內ニ之ヲ町村長ニ申立ツルコトヲ得此ノ場合ニ於テハ町村長ハ七日以內ニ町村會ノ決定ニ付スヘシ町村會ハ其ノ送付ヲ受ケタル日ヨリ十四日以內ニ之ヲ決定

スヘシ
前項ノ決定ニ不服アル者ハ府縣參事會ニ訴願スルコトヲ得
郡長ハ選擧又ハ當選ノ效力ニ關シ異議アルトキハ府縣知事ノ指揮ヲ受ケ選擧ニ關シテハ第三十一條第一項ノ報告ヲ受ケタル日ヨリ當選ニ關シテハ同條第二項ノ報告ヲ受ケタル日ヨリ二十日以內ニ之ヲ處分スルコトヲ得
前項ノ處分アリタルトキハ同一事件ニ付爲シタル異議ノ申立及町村會ノ決定ハ無效トス
第三項ノ處分ニ不服アル者ハ府縣參事會ニ訴願シ其ノ裁決又ハ第二項若ハ第六項ノ裁決ニ不服アル者ハ行政裁判所ニ出訴スルコトヲ得
第一項ノ決定及第二項又ハ前項ノ裁決ニ付テハ町村長ヨリモ訴願又ハ訴訟ヲ提起スルコトヲ得
第二項第五項又ハ前項ノ裁決ニ付テハ府縣知事ヨリモ訴訟ヲ

提起スルコトヲ得

町村會議員ハ選擧又ハ當選ニ關スル處分、決定若ハ裁決確定シ又ハ判決アル迄ハ會議ニ列席シ議事ニ參與スルノ權ヲ失ハス

第三十四條　當選無效ト確定シタルトキハ町村長ハ直ニ第二十七條ノ例ニ依リ更ニ當選者ヲ定ムヘシ

選擧無效ト確定シタルトキハ更ニ選擧ヲ行フヘシ

議員ノ定數ニ足ル當選者ヲ得ルコト能ハサルトキハ其ノ不足ノ員數ニ付更ニ選擧ヲ行フヘシ此ノ場合ニ於テハ第二十七條第一項但書ノ規定ヲ適用セス

第三十五條　町村會議員ニシテ被選擧權ヲ有セサル者ハ其ノ職ヲ失フ禁錮以上ノ刑ニ處セラレタル者ヲ除クノ外其ノ被選擧權ノ有無ハ町村會之ヲ決定ス

町村長ハ町村會議員中被選擧權ヲ有セサル者アリト認ムルト

キハ之ヲ町村會ノ決定ニ付スヘシ
第一項ノ決定ヲ受ケタル者其ノ決定ニ不服アルトキハ府縣參事會ニ訴願シ其ノ裁決又ハ第四項ノ裁決ニ不服アルトキハ行政裁判所ニ出訴スルコトヲ得
第一項ノ決定及前項ノ裁決ニ付テハ町村長ヨリモ訴願又ハ訴訟ヲ提起スルコトヲ得
第二項ノ裁決ニ付テハ府縣知事ヨリモ訴訟ヲ提起スルコトヲ得
第三十三條第八項ノ規定ハ第一項及前三項ノ場合ニ之ヲ準用ス
第一項ノ決定ハ文書ヲ以テ之ヲ爲シ其ノ理由ヲ附シ之ヲ本人ニ交付スヘシ
第三十六條　第十八條及第三十三條ノ場合ニ於テ府縣參事會ノ決定及裁決ハ府縣知事、郡長ノ處分ハ郡長、町村會ノ決定ハ

町村長直ニ之ヲ告示スヘシ

第三十七條　本法又ハ本法ニ基キテ發スル勅令ニ依リ設置スル議會ノ議員ノ選擧ニ付テハ衆議院議員選擧ニ關スル罰則ヲ準用ス

前項ノ罰則中選擧人ニ關スル規定ハ第二十四條ノ代人ニ之ヲ準用ス

第三十八條　特別ノ事情アル町村ニ於テハ郡長ハ府縣知事ノ許可ヲ得テ其ノ町村ヲシテ町村會ヲ設ケス選擧權ヲ有スル町村公民ノ總會ヲ以テ之ニ充テシムルコトヲ得

町村總會ニ關シテハ町村會ニ關スル規定ヲ準用ス

第二款　職務權限

第三十九條　町村會ハ町村ニ關スル事件及法律勅令ニ依リ其ノ權限ニ屬スル事件ヲ議決ス

第四十條　町村會ノ議決スヘキ事件ノ概目左ノ如シ

一　町村條例及町村規則ヲ設ケ又ハ改廢スル事
二　町村費ヲ以テ支辨スヘキ事業ニ關スル事　但第七十七條ノ事務及法律勅令ニ規定アルモノハ此ノ限ニ在ラス
三　歲入出豫算ヲ定ムル事
四　決算報告ヲ認定スル事
五　法令ニ定ムルモノヲ除クノ外使用料、手數料、加入金、町村稅又ハ夫役現品ノ賦課徵收ニ關スル事
六　不動產ノ管理處分及取得ニ關スル事
七　基本財產及積立金穀等ノ設置管理及處分ニ關スル事
八　歲入出豫算ヲ以テ定ムルモノヲ除クノ外新ニ義務ノ負擔ヲ爲シ及權利ノ拋棄ヲ爲ス事
九　財產及營造物ノ管理方法ヲ定ムル事　但法律勅令ニ規定アルモノハ此ノ限ニ在ラス
十　町村吏員ノ身元保證ニ關スル事

十一　町村ニ係ル訴願訴訟及和解ニ關スル事

第四十一條　町村會ハ法律勅令ニ依リ其ノ權限ニ屬スル選擧ヲ行フヘシ

第四十二條　町村會ハ町村ノ事務ニ關スル書類及計算書ヲ檢閲シ町村長ノ報告ヲ請求シテ事務ノ管理、議決ノ執行及出納ヲ檢査スルコトヲ得

町村會ハ議員中ヨリ委員ヲ選擧シ町村長又ハ其ノ指名シタル吏員立會ノ上實地ニ就キ前項町村會ノ權限ニ屬スル事件ヲ行ハシムルコトヲ得

第四十三條　町村會ハ町村ノ公益ニ關スル事件ニ付意見書ヲ町村長又ハ監督官廳ニ提出スルコトヲ得

第四十四條　町村會ハ行政廳ノ諮問アルトキハ意見ヲ答申スヘシ

町村會ノ意見ヲ徵シテ處分ヲ爲スヘキ場合ニ於テ町村會成立セス、招集ニ應セス若ハ意見ヲ提出セス又ハ町村會ヲ招集ス

ルコト能ハサルトキハ當該行政廳ハ其ノ意見ヲ俟タスシテ直ニ處分ヲ爲スコトヲ得

第四十五條　町村會ハ町村長ヲ以テ議長トス町村長故障アルトキハ其ノ代理者議長ノ職務ヲ代理ス町村長及其ノ代理者共ニ故障アルトキハ年長ノ議員議長ノ職務ヲ代理ス年齡同シキトキハ抽籤ヲ以テ之ヲ定ム

第四十六條　町村長及其ノ委任又ハ囑託ヲ受ケタル者ハ會議ニ列席シテ議事ニ參與スルコトヲ得　但議決ニ加ハルコトヲ得ス

前項ノ列席者發言ヲ求ムルトキハ議長ハ直ニ之ヲ許スヘシ但之カ爲議員ノ演說ヲ中止セシムルコトヲ得ス

第四十七條　町村會ハ町村長之ヲ招集ス議員定數三分ノ一以上ノ請求アルトキハ町村長之ヲ招集スヘシ

町村長ハ必要アル場合ニ於テハ會期ヲ定メテ町村會ヲ招集スルコトヲ得

招集及會議ノ事件ハ開會ノ日ヨリ少クトモ三日前ニ之ヲ告知スヘシ　但急施ヲ要スル場合ハ此ノ限ニ在ラス
町村會開會中急施ヲ要スル事件アルトキハ町村長ハ直ニ之ヲ其ノ會議ニ付スルコトヲ得三日前迄ニ告知ヲ爲シタル事件ニ付亦同シ
町村會ハ町村長之ヲ開閉ス
第四十八條　町村會ハ議員定數ノ半數以上出席スルニ非サレハ會議ヲ開クコトヲ得ス　但第五十條ノ除斥ノ爲半數ニ滿タサルトキ、同一ノ事件ニ付招集再回ニ至ルモ仍半數ニ滿タサルトキ又ハ招集ニ應スルモ出席議員定數ヲ闕キ議長ニ於テ出席ヲ催告シ仍半數ニ滿タサルトキハ此ノ限ニ在ラス
第四十九條　町村會ノ議事ハ過半數ヲ以テ決ス可否同數ナルトキハ議長ノ決スル所ニ依ル
第五十條　議長及議員ハ自己又ハ父母、祖父母、妻子孫、兄

弟姉妹ノ一身上ニ關スル事件ニ付テハ其ノ議事ニ參與スルコトヲ得ス　但町村會ノ同意ヲ得タルトキハ會議ニ出席シ發言スルコトヲ得

第五十一條　法律勅令ニ依リ町村會ニ於テ選擧ヲ行フトキハ一人毎ニ無記名投票ヲ爲シ有效投票ノ過半數ヲ得タル者ヲ以テ當選者トス過半數ヲ得タル者ナキトキハ最多數ヲ得タル者二人ヲ取リ之ニ就キ決選投票ヲ爲サシム其ノ二人ヲ取ルニ當リ同數者アルトキハ年長者ヲ取リ年齡同シキトキハ議長抽籤シテ之ヲ定ム此ノ決選投票ニ於テハ多數ヲ得タル者ヲ以テ當選者トス同數ナルトキハ年長者ヲ取リ年齡同シキトキハ議長抽籤シテ之ヲ定ム

前項ノ場合ニ於テハ第二十二條及第二十五條ノ規定ヲ準用シ投票ノ效力ニ關シ異議アルトキハ町村會之ヲ決定ス

第一項ノ選擧ニ付テハ町村會ハ其ノ議決ヲ以テ指名推選又ハ

連名投票ノ法ヲ用ウルコトヲ得其ノ連名投票ノ法ヲ用ウル場合ニ於テハ前二項ノ例ニ依ル

第五十二條　町村會ノ會議ハ公開ス　但左ノ場合ハ此ノ限ニ在ラス

一　議長ノ意見ヲ以テ傍聽ヲ禁止シタルトキ

二　議員二人以上ノ發議ニ依リ傍聽禁止ヲ可決シタルトキ

前項議員ノ發議ハ討論ヲ須ヰス其ノ可否ヲ決スヘシ

第五十三條　議長ハ會議ヲ總理シ會議ノ順序ヲ定メ其ノ日ノ會議ヲ開閉シ議場ノ秩序ヲ保持ス

第五十四條　議員ハ選擧人ノ指示又ハ委囑ヲ受クヘカラス

議員ハ會議中無禮ノ語ヲ用ヰ又ハ他人ノ身上ニ涉リ言論スルコトヲ得ス

第五十五條　會議中本法又ハ會議規則ニ違ヒ其ノ他議場ノ秩序ヲ紊ス議員アルトキハ議長ハ之ヲ制止シ又ハ發言ヲ取消サシ

メ命ニ從ハサルトキハ當日ノ會議ヲ終ル迄發言ヲ禁止シ又ハ議場外ニ退去セシメ必要アル場合ニ於テハ警察官吏ノ處分ヲ求ムルコトヲ得

議場騷擾ニシテ整理シ難キトキハ議長ハ當日ノ會議ヲ中止シ又ハ之ヲ閉ツルコトヲ得

第五十六條　傍聽人公然可否ヲ表シ又ハ喧騷ニ渉リ其ノ他會議ノ妨害ヲ爲ストキハ議長ハ之ヲ制止シ命ニ從ハサルトキハ之ヲ退場セシメ必要アル場合ニ於テハ警察官吏ノ處分ヲ求ムルコトヲ得

傍聽席騷擾ナルトキハ議長ハ總テノ傍聽人ヲ退場セシメ必要アル場合ニ於テハ警察官吏ノ處分ヲ求ムルコトヲ得

第五十七條　町村會ニ書記ヲ置キ議長ニ隷屬シテ庶務ヲ處理セシム

書記ハ議長之ヲ任免ス

第五十八條　議長ハ書記ヲシテ會議録ヲ調製シ會議ノ顚末及出席議員ノ氏名ヲ記載セシムヘシ
會議録ハ議長及議員二人以上之ニ署名スルコトヲ要ス其ノ議員ハ町村會ニ於テ之ヲ定ムヘシ
第五十九條　町村會ハ會議規則及傍聽人取締規則ヲ設クヘシ
會議規則ニハ本法及會議規則ニ違反シタル議員ニ對シ町村會ノ議決ニ依リ三日以内出席ヲ停止シ又ハ二圓以下ノ過怠金ヲ科スル規定ヲ設ケクルコトヲ得

第三章　町村吏員

第一款　組織選擧及任免

第六十條　町村ニ町村長及助役一人ヲ置ク　但町村條例ヲ以テ助役ノ定數ヲ增加スルコトヲ得
第六十一條　町村長及助役ハ名譽職トス
町村ハ町村條例ヲ以テ町村長又ハ助役ヲ有給ト爲スコトヲ得

第六十二條　町村長及助役ノ任期ハ四年トス
第六十三條　町村長ハ町村會ニ於テ之ヲ選擧ス
助役ハ町村長ノ推薦ニ依リ町村會之ヲ定ム町村長職ニ在ラサルトキハ前項ノ例ニ依ル
名譽職町村長及名譽職助役ハ其ノ町村公民中選擧權ヲ有スル者ニ限ル
有給町村長及有給助役ハ第七條第一項ノ規定ニ拘ラヌ在職ノ間其ノ町村ノ公民トス
第六十四條　町村長ヲ選擧シ又ハ助役ヲ定メ若ハ選擧シタルトキハ府縣知事ノ認可ヲ受クヘシ
前項ノ場合ニ於テ府縣知事ノ不認可ニ對シ町村長又ハ町村會ニ於テ不服アルトキハ内務大臣ニ具狀シテ認可ヲ請フコトヲ得
有給町村長及有給助役ハ三月前ニ申立ツルトキハ任意退職ス

ルコトヲ得

第六十五條　町村長及助役ハ第十五條第二項ニ揭ケタル職ト兼ヌルコトヲ得ス又其ノ町村ニ對シ請負ヲ爲シ及同一ノ行爲ヲ爲ス者ノ支配人又ハ主トシテ同一ノ行爲ヲ爲ス法人ノ無限責任社員、重役及支配人タルコトヲ得ス

町村長ト父子兄弟タル緣故アル者ハ助役ノ職ニ在ルコトヲ得ス

父子兄弟タル緣故アル者ハ同時ニ助役ノ職ニ在ルコトヲ得ス

第十五條第五項ノ規定ハ此ノ場合ニ之ヲ準用ス

第六十六條　有給町村長及有給助役ハ郡長ノ許可ヲ受クルニ非サレハ他ノ報償アル業務ニ從事スルコトヲ得ス

有給町村長及有給助役ハ會社ノ重役又ハ支配人其ノ他ノ事務員タルコトヲ得ス

第六十七條　町村ニ收入役一人ヲ置ク　但特別ノ事情アル町村

ニ於テハ町村條例ヲ以テ副收入役一人ヲ置クコトヲ得
收入役及副收入役ハ有給吏員トシ其ノ任期ハ四年トス
收入役及副收入役ハ町村長ノ推薦ニ依リ町村會之ヲ定メ郡長ノ認可ヲ受クヘシ
前項ノ場合ニ於テ郡長ノ不認可ニ對シ町村長又ハ町村會ニ於テ不服アルトキハ府縣知事ニ具狀シテ認可ヲ請フコトヲ得
第六十三條第四項ノ規定ハ收入役ニ第六十五條第一項及前條ノ規定ハ收入役及副收入役ニ之ヲ準用ス
町村長又ハ助役ト父子兄弟タル緣故アル者ハ收入役又ハ副收入役ノ職ニ在ルコトヲ得ス收入役ト父子兄弟タル緣故アル者ハ副收入役ノ職ニ在ルコトヲ得ス
特別ノ事情アル町村ニ於テハ郡長ノ許可ヲ得テ町村長又ハ助役ヲシテ收入役ノ事務ヲ兼掌セシムルコトヲ得
第六十八條　町村ハ處務便宜ノ爲區ヲ畫シ區長及其ノ代理者一

人ヲ置クコトヲ得
區長及其ノ代理者ハ名譽職トス町村會ニ於テ町村公民中選擧權ヲ有スル者ヨリ之ヲ選擧ス

第六十九條　町村ハ臨時又ハ常設ノ委員ヲ置クコトヲ得
委員ハ名譽職トス町村會ニ於テ町村會議員又ハ町村公民中選擧權ヲ有スル者ヨリ之ヲ選擧ス　但委員長ハ町村長又ハ其ノ委任ヲ受ケタル助役ヲ以テ之ニ充ツ
常設委員ノ組織ニ關シテハ町村條例ヲ以テ別段ノ規定ヲ設クルコトヲ得

第七十條　名譽職町村長及名譽職助役其ノ他町村公民ニ限リテ擔任スヘキ職務ニ在ル吏員ニシテ町村公民權ヲ喪失シ若ハ停止セラレタルトキ又ハ第九條第三項ノ場合ニ當ルトキハ其ノ職ヲ失フ職ニ就キタルカ爲町村公民タル者ニシテ禁治產若ハ準禁治產ノ宣告ヲ受ケタルトキ又ハ第九條第二項若ハ第三

項ノ場合ニ當ルトキ亦同シ
前項ノ職務ニ在ル者ニシテ禁錮以上ノ刑ニ當ルヘキ罪ノ爲豫審又ハ公判ニ付セラレタルトキハ監督官廳ハ其ノ職務ノ執行ヲ停止スルコトヲ得此ノ場合ニ於テハ其ノ停止期間報酬又ハ給料ヲ支給スルコトヲ得ス
第七十一條　前數條ニ定ムル者ノ外町村ニ必要ノ有給吏員ヲ置キ町村長之ヲ任免ス
前項吏員ノ定數ハ町村會ノ議決ヲ經テ之ヲ定ム

第二款　職務權限

第七十二條　町村長ハ町村ヲ統轄シ町村ヲ代表ス
町村長ノ擔任スル事務ノ概目左ノ如シ
一　町村會ノ議決ヲ經ヘキ事件ニ付其ノ議案ヲ發シ及其ノ議決ヲ執行スル事
二　財產及營造物ヲ管理スル事　但特ニ之カ管理者ヲ置キタ

ルトキハ其ノ事務ヲ監督スル事
三　收入支出ヲ命令シ及會計ヲ監督スル事
四　證書及公文書類ヲ保管スル事
五　法令又ハ町村會ノ議決ニ依リ使用料、手數料、加入金、町村税又ハ夫役現品ヲ賦課徴收スル事
六　其ノ他法令ニ依リ町村長ノ職權ニ屬スル事項
第七十三條　町村長ハ町村吏員ヲ指揮監督シ之ニ對シ懲戒ヲ行フコトヲ得其ノ懲戒處分ハ譴責及五圓以下ノ過怠金トス
第七十四條　町村會ノ議決又ハ選擧其ノ權限ヲ越エ又ハ法令若ハ會議規則ニ背クト認ムルトキハ町村長ハ其ノ意見ニ依リ又ハ監督官廳ノ指揮ニ依リ理由ヲ示シテ之ヲ再議ニ付シ又ハ再選擧ヲ行ハシムヘシ其ノ執行ヲ要スルモノニ在リテハ之ヲ停止スヘシ
前項ノ場合ニ於テ町村會其ノ議決ヲ改メサルトキハ町村長ハ

府縣參事會ノ裁決ヲ請フヘシ　但特別ノ事由アルトキハ再議ニ付セスシテ直ニ裁決ヲ請フコトヲ得

監督官廳ハ第一項ノ議決又ハ選擧ヲ取消スコトヲ得　但裁決ノ申請アリタルトキハ此ノ限ニ在ラス

前項ノ規定ニ依ル郡長ノ處分ニ不服アル町村長又ハ町村會ハ府縣參事會ニ訴願スルコトヲ得其ノ裁決、第二項ノ裁決又ハ前項ノ規定ニ依ル府縣知事ノ處分ニ不服アル町村長又ハ町村會ハ行政裁判所ニ出訴スルコトヲ得

町村會ノ議決公益ヲ害シ又ハ町村ノ收支ニ關シ不適當ナリト認ムルトキハ町村長ハ其ノ意見ニ依リ又ハ監督官廳ノ指揮ニ依リ理由ヲ示シテ之ヲ再議ニ付スヘシ其ノ執行ヲ要スルモノニ在リテハ之ヲ停止スヘシ

前項ノ場合ニ於テ町村會其ノ議決ヲ改メサルトキハ町村長ハ郡長ノ處分ヲ請フヘシ

前項ノ處分ニ不服アル町村長又ハ町村會ハ府縣參事會ニ訴願シ其ノ裁決ニ不服アルトキハ内務大臣ニ訴願スルコトヲ得

前項府縣參事會ノ裁決ニ付テハ府縣知事ヨリモ訴願ヲ提起スルコトヲ得

第二項及第四項ノ裁決ニ付テハ府縣知事ヨリモ訴訟ヲ提起スルコトヲ得

第七十五條　町村會成立セサルトキ又ハ第四十八條但書ノ場合ニ於テ仍會議ヲ開クコト能ハサルトキハ町村長ハ郡長ニ具狀シテ指揮ヲ請ヒ町村會ノ議決スヘキ事件ヲ處置スルコトヲ得

町村會ニ於テ其ノ議決スヘキ事件ヲ議決セサルトキハ前項ノ例ニ依ル

町村會ノ決定スヘキ事件ニ關シテハ前二項ノ例ニ依ル此ノ場合ニ於ケル町村長ノ處置ニ關シテハ各本條ノ規定ニ準シ訴願

又ハ訴訟ヲ提起スルコトヲ得

前三項ノ規定ニ依ル處置ニ付テハ次回ノ會議ニ於テ之ヲ町村會ニ報告スヘシ

第七十六條　町村會ニ於テ議決又ハ決定スヘキ事件ニ關シ臨時急施ヲ要スル場合ニ於テ町村會成立セサルトキ又ハ町村長ニ於テ之ヲ招集スルノ暇ナシト認ムルトキハ町村長ハ之ヲ專決シ次回ノ會議ニ於テ之ヲ町村會ニ報告スヘシ

前項ノ規定ニ依リ町村長ノ爲シタル處分ニ關シテハ各本條ノ規定ニ準シ訴願又ハ訴訟ヲ提起スルコトヲ得

第七十七條　町村長其ノ他町村吏員ハ法令ノ定ムル所ニ依リ國府縣其ノ他公共團體ノ事務ヲ掌ル

前項ノ事務ヲ執行スル爲要スル費用ハ町村ノ負擔トス　但法令中別段ノ規定アルモノハ此ノ限ニ在ラス

第七十八條　町村長ハ郡長ノ許可ヲ得テ其ノ事務ノ一部ヲ助役

又ハ區長ニ分掌セシムルコトヲ得　但町村ノ事務ニ付テハ豫メ町村會ノ同意ヲ得ルコトヲ要ス
町村長ハ町村吏員ヲシテ其ノ事務ノ一部ヲ臨時代理セシムルコトヲ得
第七十九條　助役ハ町村長ノ事務ヲ補助ス
助役ハ町村長故障アルトキ之ヲ代理ス助役數人アルトキハ豫メ町村長ノ定メタル順序ニヨリ之ヲ代理ス
第八十條　收入役ハ町村ノ出納其ノ他ノ會計事務及第七十七條ノ事務ニ關スル國府縣其ノ他公共團體ノ出納其ノ他ノ會計事務ヲ掌ル　但法令中別段ノ規定アルモノハ此ノ限ニ在ラス
町村ハ收入役故障アルトキ之ヲ代理スヘキ吏員ヲ定メ郡長ノ認可ヲ受クヘシ　但副收入役ヲ置キタル町村ハ此ノ限ニ在ラス

副收入役ハ收入役ノ事務ヲ補助シ收入役故障アルトキ之ヲ代理ス

町村長ハ郡長ノ許可ヲ得テ收入役ノ事務ノ一部ヲ副收入役ニ分掌セシムルコトヲ得　但町村ノ出納其ノ他ノ會計事務ニ付テハ豫メ町村會ノ同意ヲ得ルコトヲ要ス

第八十一條　區長ハ町村長ノ命ヲ承ケ町村長ノ事務ニシテ區内ニ關スルモノヲ補助ス

區長代理者ハ區長ノ事務ヲ補助シ區長故障アルトキ之ヲ代理ス

第八十二條　委員ハ町村長ノ指揮監督ヲ承ケ財産又ハ營造物ヲ管理シ其ノ他委託ヲ受ケタル町村ノ事務ヲ調査シ又ハ之ヲ處辨ス

第八十三條　第七十一條ノ吏員ハ町村長ノ命ヲ承ケ事務ニ從事ス

第四章　給料及給與

第八十四條　名譽職町村長、名譽職助役、町村會議員其ノ他ノ名譽職員ハ職務ノ爲要スル費用ノ辨償ヲ受クルコトヲ得

名譽職町村長、名譽職助役、區長、區長代理者及委員ニハ費用辨償ノ外勤務ニ相當スル報酬ヲ給スルコトヲ得

費用辨償額、報酬額及其ノ支給方法ハ町村會ノ議決ヲ經テ之ヲ定ム

第八十五條　有給町村長、有給助役其ノ他ノ有給吏員ノ給料額、旅費額及其ノ支給方法ハ町村會ノ議決ヲ經テ之ヲ定ム

第八十六條　有給吏員ニハ町村條例ノ定ムル所ニ依リ退隱料、退職給與金、死亡給與金又ハ遺族扶助料ヲ給スルコトヲ得

第八十七條　費用辨償、報酬、給料、旅費、退隱料、退職給與金、死亡給與金又ハ遺族扶助料ノ給與ニ付關係者ニ於テ異議アルトキハ之ヲ町村長ニ申立ツルコトヲ得

前項ノ異議ハ之ヲ町村會ノ決定ニ付スヘシ關係者其ノ決定ニ不服アルトキハ府縣參事會ニ訴願シ其ノ裁決又ハ第三項ノ裁決ニ不服アルトキハ行政裁判所ニ出訴スルコトヲ得

前項ノ決定及裁決ニ付テハ町村長ヨリモ訴願又ハ訴訟ヲ提起スルコトヲ得

前二項ノ裁決ニ付テハ府縣知事ヨリモ訴訟ヲ提起スルコトヲ得

第八十八條　費用辨償、報酬、給料、旅費、退隱料、退職給與金、死亡給與金、遺族扶助料其ノ他ノ給與ハ町村ノ負擔トス

第五章　町村ノ財務

第一款　財產營造物及町村稅

第八十九條　收益ノ爲ニスル町村ノ財產ハ基本財產トシテ之ヲ維持スヘシ

町村ハ特定ノ目的ノ爲特別ノ基本財產ヲ設ケ又ハ金穀等ヲ積

立ツルコトヲ得

第九十條　舊來ノ慣行ニ依リ町村住民中特ニ財産又ハ營造物ヲ使用スル權利ヲ有スル者アルトキハ其ノ舊慣ニ依ル舊慣ヲ變更又ハ廢止セムトスルトキハ町村會ノ議決ヲ經ヘシ
前項ノ財産又ハ營造物ヲ新ニ使用セムトスル者アルトキハ町村ハ之ヲ許可スルコトヲ得

第九十一條　町村ハ前條ニ規定スル財産ノ使用方法ニ關シ町村規則ヲ設クルコトヲ得

第九十二條　町村ハ第九十條第一項ノ使用者ヨリ使用料ヲ徴收シ同條第二項ノ使用ニ關シテハ使用料若ハ一時ノ加入金ヲ徴收シ又ハ使用料及加入金ヲ共ニ徴收スルコトヲ得

第九十三條　町村ハ營造物ノ使用ニ付使用料ヲ徴收スルコトヲ得
町村ハ特ニ一個人ノ爲ニスル事務ニ付手數料ヲ徴收スルコト

ヲ得

第九十四條　財產ノ賣却貸與、工事ノ請負及物件勞力其ノ他ノ供給ハ競爭入札ニ付スヘシ　但臨時急施ヲ要スルトキ、入札ノ價額其ノ費用ニ比シテ得失相償ハサルトキ又ハ町村會ノ同意ヲ得タルトキハ此ノ限ニ在ラス

第九十五條　町村ハ其ノ公益上必要アル場合ニ於テハ寄附又ハ補助ヲ爲スコトヲ得

第九十六條　町村ハ其ノ必要ナル費用及從來法令ニ依リ又ハ將來法律勅令ニ依リ町村ノ負擔ニ屬スル費用ヲ支辨スル義務ヲ負フ

町村ハ其ノ財產ヨリ生スル收入、使用料、手數料、過料、過怠金其ノ他法令ニ依リ町村ニ屬スル收入ヲ以テ前項ノ支出ニ充テ仍不足アルトキハ町村稅及夫役現品ヲ賦課徵收スルコトヲ得

第九十七條　町村税トシテ賦課スルコトヲ得ヘキモノ左ノ如シ
一　國税府縣税ノ附加税
二　特別税
直接國税又ハ直接府縣税ノ附加税ハ均一ノ税率ヲ以テ之ヲ徴收スヘシ　但第百四十七條ノ規定ニ依リ許可ヲ受ケタル場合ハ此ノ限ニ在ラス
國税ノ附加税タル府縣税ニ對シテハ附加税ヲ賦課スルコトヲ得ス
特別税ハ別ニ税目ヲ課税スルノ必要アルトキ賦課徴收スルモノトス
第九十八條　三月以上町村内ニ滯在スル者ハ其ノ滯在ノ初ニ遡リ町村税ヲ納ムル義務ヲ負フ
第九十九條　町村内ニ住所ヲ有セス又ハ三月以上滯在スルコトナシト雖モ町村内ニ於テ土地家屋物件ヲ所有シ使用シ若ハ占有

シ、町村内ニ營業所ヲ設ケテ營業ヲ爲シ又ハ町村内ニ於テ特定ノ行爲ヲ爲ス者ハ其ノ土地家屋物件營業若ハ其ノ收入ニ對シ又ハ其ノ行爲ニ對シテ賦課スル町村稅ヲ納ムル義務ヲ負フ

第百條　納稅者ノ町村外ニ於テ所有シ使用シ占有スル土地家屋物件若ハ其ノ收入又ハ町村外ニ於テ營業所ヲ設ケタル營業若ハ其ノ收入ニ對シテハ町村稅ヲ賦課スルコトヲ得ス

町村ノ內外ニ於テ營業所ヲ設ケ營業ヲ爲ス者ニシテ其ノ營業又ハ收入ニ對スル本稅ヲ分別シテ納メサルモノニ對シ附加稅ヲ賦課スル場合及住所滯在町村ノ內外ニ涉ル者ノ收入ニシテ土地家屋物件又ハ營業所ヲ設ケタル營業ヨリ生スル收入ニ非サルモノニ對シ町村稅ヲ賦課スル場合ニ付テハ勅令ヲ以テ之ヲ定ム

第百一條　所得稅法第五條ニ揭クル所得ニ對シテハ町村稅ヲ賦課スルコトヲ得ス

神社寺院祠宇佛堂ノ用ニ供スル建物及其ノ境內地竝敎會所說敎所ノ用ニ供スル建物及其ノ構內地ニ對シテハ町村稅ヲ賦課スルコトヲ得ス　但有料ニテ之ヲ使用セシムル者及住宅ヲ以テ敎會所說敎所ノ用ニ充ツル者ニ對シテハ此ノ限ニ在ラス

國府縣市町村其ノ他公共團體ニ於テ公用ニ供スル家屋物件及營造物ニ對シテハ町村稅ヲ賦課スルコトヲ得ス　但有料ニテ之ヲ使用セシムル者及使用收益者ニ對シテハ此ノ限ニ在ラス

國ノ事業又ハ行爲及國有ノ土地家屋物件ニ對シテハ國ニ町村稅ヲ賦課スルコトヲ得ス

前四項ノ外町村稅ヲ賦課スルコトヲ得サルモノハ別ニ法律勅令ノ定ムル所ニ依ル

第百二條　數人ヲ利スル營造物ノ設置維持其ノ他ノ必要ナル費用ハ其ノ關係者ニ負擔セシムルコトヲ得

町村ノ一部ヲ利スル營造物ノ設置維持其ノ他ノ必要ナル費用ハ其ノ部内ニ於テ町村税ヲ納ムル義務アル者ニ負擔セシムルコトヲ得

前二項ノ場合ニ於テ營造物ヨリ生スル收入アルトキハ先ツ其ノ收入ヲ以テ其ノ費用ニ充ツヘシ前項ノ場合ニ於テ其ノ一部ノ收入アルトキ亦同シ

第百三條　數人又ハ町村ノ一部ヲ利スル財産ニ付テハ前三項ノ例ニ依ル

町村税及其ノ賦課徴收ニ關シテハ本法其ノ他ノ法律ニ規定アルモノヽ外勅令ヲ以テ之ヲ定ムルコトヲ得

第百四條　數人又ハ町村ノ一部ニ對シ特ニ利益アル事件ニ關シテハ町村ハ不均一ノ賦課ヲ爲シ又ハ數人若ハ町村ノ一部ニ對シ賦課ヲ爲スコトヲ得

第百五條　夫役又ハ現品ハ直接町村税ヲ準率ト爲シ直接町村税ヲ賦課セサル町村ニ於テハ直接國税ヲ準率ト爲シ且之ヲ金額

ニ算出シテ賦課スヘシ　但第百四十七條ノ規定ニ依リ許可ヲ受ケタル場合ハ此ノ限ニ在ラス
學藝美術及手工ニ關スル勞務ニ付テハ夫役ヲ賦課スルコトヲ得ス
夫役ヲ賦課セラレタル者ハ本人自ラ之ニ當リ又ハ適當ノ代人ヲ出スコトヲ得
夫役又ハ現品ハ金錢ヲ以テ之ニ代フルコトヲ得
第一項及前項ノ規定ハ急迫ノ場合ニ賦課スル夫役ニ付テハ之ヲ適用セス
第百六條　非常災害ノ爲必要アルトキハ町村ハ他人ノ土地ヲ一時使用シ又ハ其ノ土石竹木其ノ他ノ物品ヲ使用シ若ハ收用スルコトヲ得　但其ノ損失ヲ補償スヘシ
前項ノ場合ニ於テ危險防止ノ爲必要アルトキハ町村長、警察官吏又ハ監督官廳ハ町村内ノ居住者ヲシテ防禦ニ從事セシム

ルコトヲ得

第一項但書ノ規定ニ依リ補償スヘキ金額ハ協議ニ依リ之ヲ定ム協議調ハサルトキハ鑑定人ノ意見ヲ徵シ府縣知事之ヲ決定ス決定ヲ受ケタル者其ノ決定ニ不服アルトキハ內務大臣ニ訴願スルコトヲ得

前項ノ決定ハ文書ヲ以テ之ヲ爲シ其ノ理由ヲ附シテ之ヲ本人ニ交付スヘシ

第一項ノ規定ニ依リ土地ノ一時使用ノ處分ヲ受ケタル者其ノ處分ニ不服アルトキハ郡長ニ訴願シ其裁決ニ不服アルトキハ府縣知事ニ訴願シ其ノ裁決ニ不服アルトキハ內務大臣ニ訴願スルコトヲ得

第百七條　町村稅ノ賦課ニ關シ必要アル場合ニ於テハ當該吏員ハ日出ヨリ日沒迄ノ間營業者ニ關シテハ仍其ノ營業時間內家宅若ハ營業所ニ臨檢シ又ハ帳簿物件ノ檢査ヲ爲スコトヲ得

前項ノ場合ニ於テハ當該吏員ハ其ノ身分ヲ證明スヘキ證票ヲ携帶スヘシ

第百八條　町村長ハ納稅者中特別ノ事情アル者ニ對シ納稅延期ヲ許スコトヲ得其ノ年度ヲ越ユル場合ハ町村會ノ議決ヲ經ヘシ

町村ハ特別ノ事情アル者ニ限リ町村稅ヲ減免スルコトヲ得

第百九條　使用料手數料及特別稅ニ關スル事項ニ付テハ町村條例ヲ以テ之ヲ規定スヘシ其ノ條例中ニハ五圓以下ノ過料ヲ科スル規定ヲ設クルコトヲ得

財產又ハ營造物ノ使用ニ關シテハ町村條例ヲ以テ五圓以下ノ過料ヲ科スル規定ヲ設クルコトヲ得

過料ノ處分ヲ受ケタル者其ノ處分ニ不服アルトキハ府縣參事會ニ訴願シ其裁決ニ不服アルトキハ行政裁判所ニ出訴スルコトヲ得

前項ノ裁決ニ付テハ府縣知事又ハ町村長ヨリモ訴訟ヲ提起スルコトヲ得

第百十條　町村税ノ賦課ヲ受ケタル者其ノ賦課ニ付違法又ハ錯誤アリト認ムルトキハ徴税令書ノ交付ヲ受ケタル日ヨリ三月以内ニ町村長ニ異議ノ申立ヲ爲スコトヲ得

財産又ハ營造物ヲ使用スル權利ニ關シ異議アル者ハ之ヲ町村長ニ申立ツルコトヲ得

前二項ノ異議ハ之ヲ町村會ノ決定ニ付スヘシ決定ヲ受ケタル者其ノ決定ニ不服アルトキハ府縣參事會ニ訴願シ其ノ裁決又ハ第五項ノ裁決ニ不服アルトキハ行政裁判所ニ出訴スルコトヲ得

第一項及前項ノ規定ハ使用料手數料及加入金ノ徴收竝夫役現品ノ賦課ニ關シ之ヲ準用ス

前二項ノ規定ニ依ル決定及裁決ニ付テハ町村長ヨリモ訴願又

ハ訴訟ヲ提起スルコトヲ得
前三項ノ規定ニ依ル裁決ニ付テハ府縣知事ヨリモ訴訟ヲ提起スルコトヲ得

第百十一條　町村稅、使用料、手數料、加入金、過料、過怠金其ノ他ノ町村ノ收入ヲ定期內ニ納メサル者アルトキハ町村長ハ期限ヲ指定シテ之ヲ督促スヘシ
夫役現品ノ賦課ヲ受ケタル者定期內ニ其ノ履行ヲ爲サス又ハ夫役現品ニ代フル金錢ヲ納メサルトキハ町村長ハ期限ヲ指定シテ之ヲ督促スヘシ急迫ノ場合ニ賦課シタル夫役ニ付テハ更ニ之ヲ金額ニ算出シ期限ヲ指定シテ其ノ納付ヲ命スヘシ
前二項ノ場合ニ於テハ町村條例ノ定ムル所ニ依リ手數料ヲ徵收スルコトヲ得
滯納者第一項又ハ第二項ノ督促又ハ命令ヲ受ケ其ノ指定ノ期限內ニ之ヲ完納セサルトキハ國稅滯納處分ノ例ニ依リ之ヲ處

分スヘシ
第一項乃至第三項ノ徵收金ハ府縣ノ徵收金ニ次テ先取特權ヲ有シ其ノ追徵還付及時效ニ付テハ國稅ノ例ニ依ル
前三項ノ處分ヲ受ケタル者其ノ處分ニ不服アルトキハ府縣參事會ニ訴願シ其ノ裁決ニ不服アルトキハ行政裁判所ニ出訴スルコトヲ得
前項ノ裁決ニ付テハ府縣知事又ハ町村長ヨリモ訴訟ヲ提起スルコトヲ得
第四項ノ處分中差押物件ノ公賣ハ處分ノ確定ニ至ル迄執行ヲ停止ス

第百十二條　町村ハ其ノ負債ヲ償還スル爲、町村ノ永久ノ利益ト爲ルヘキ支出ヲ爲ス爲又ハ天災事變等ノ爲必要アル場合ニ限リ町村債ヲ起スコトヲ得
町村債ヲ起スニ付町村會ノ議決ヲ經ルトキハ併セテ起債ノ方

法、利息ノ定率及償還ノ方法ニ付議決ヲ經ヘシ
町村ハ豫算內ノ支出ヲ爲ス爲一時ノ借入金ヲ爲スコトヲ得
前項ノ借入金ハ其ノ會計年度內ノ收入ヲ以テ償還スヘシ

第二款　歲入出豫算及決算

第百十三條　町村長ハ每會計年度歲入出豫算ヲ調製シ遲クトモ年度開始ノ一月前ニ町村會ノ議決ヲ經ヘシ
町村ノ會計年度ハ政府ノ會計年度ニ依ル
豫算ヲ町村會ニ提出スルトキハ町村長ハ併セテ事務報告書及財產表ヲ提出スヘシ
第百十四條　町村長ハ町村會ノ議決ヲ經テ既定豫算ノ追加又ハ更正ヲ爲スコトヲ得
第百十五條　町村費ヲ以テ支辨スル事件ニシテ數年ヲ期シテ其ノ費用ヲ支出スヘキモノハ町村會ノ議決ヲ經テ其ノ年期間各年度ノ支出額ヲ定メ繼續費ト爲スコトヲ得

第百十六條　町村ハ豫算外ノ支出又ハ豫算超過ノ支出ニ充ツル爲豫備費ヲ設クヘシ
豫備費ハ町村會ノ否決シタル費途ニ充ツルコトヲ得ス

第百十七條　豫算ハ議決ヲ經タル後直ニ之ヲ郡長ニ報告シ且其ノ要領ヲ告示スヘシ

第百十八條　町村ハ特別會計ヲ設クルコトヲ得

第百十九條　町村會ニ於テ豫算ヲ議決シタルトキハ町村長ヨリ其ノ謄本ヲ收入役ニ交付スヘシ
收入役ハ町村長又ハ監督官廳ノ命令アルニ非サレハ支拂ヲ爲スコトヲ得ス命令ヲ受クルモ支出ノ豫算ナク且豫備費支出、費目流用其ノ他財務ニ關スル規定ニ依リ支出ヲ爲スコトヲ得サルトキ亦同シ
前二項ノ規定ハ收入役ノ事務ヲ兼掌シタル町村長又ハ助役ニ之ヲ準用ス

第百二十條　町村ノ支拂金ニ關スル時效ニ付テハ政府ノ支拂金ノ例ニ依ル

第百二十一條　町村ノ出納ハ毎月例日ヲ定メテ之ヲ檢査シ且毎會計年度少クトモ二回臨時檢査ヲ爲スヘシ

檢査ハ町村長之ヲ爲シ臨時檢査ニハ町村會ニ於テ選擧シタル議員二人以上ノ立會ヲ要ス

第百二十二條　町村ノ出納ハ翌年度六月三十日ヲ以テ閉鎖ス

決算ハ出納閉鎖後一月以內ニ證書類ヲ併セテ收入役ヨリ之ヲ町村長ニ提出スヘシ町村長ハ之ヲ審査シ意見ヲ付シテ次ノ通常豫算ヲ議スル會議迄ニ之ヲ町村會ノ認定ニ付スヘシ

第六十七條第八項ノ場合ニ於テハ前項ノ例ニ依ル　但町村長ニ於テ兼掌シタルトキハ直ニ町村會ノ認定ニ付スヘシ

決算ハ其ノ認定ニ關スル町村會ノ議決ト共ニ之ヲ郡長ニ報告シ且其ノ要領ヲ告示スヘシ

決算ノ認定ニ關スル會議ニ於テハ町村長及助役共ニ議長ノ職務ヲ行フコトヲ得ス

第百二十三條　豫算調製ノ式、費目流用其ノ他財務ニ關シ必要ナル規定ハ内務大臣之ヲ定ム

第六章　町村ノ一部ノ事務

第百二十四條　町村ノ一部ニシテ財產ヲ有シ又ハ營造物ヲ設ケタルモノアルトキハ其ノ財產又ハ營造物ノ管理及處分ニ付テハ本法中町村ノ財產又ハ營造物ニ關スル規定ニ依ル　但法律勅令中別段ノ規定アル場合ハ此ノ限ニ在ラス

前項ノ財產又ハ營造物ニ關シ特ニ要スル費用ハ其ノ財產又ハ營造物ノ屬スル町村ノ一部ノ負擔トス

前二項ノ場合ニ於テハ町村ノ一部ハ其ノ會計ヲ分別スヘシ

第百二十五條　前條ノ財產又ハ營造物ニ關シ必要アリト認ムルトキハ郡長ハ町村會ノ意見ヲ徵シテ町村條例ヲ設定シ區會又

ハ區總會ヲ設ケテ町村會ノ議決スベキ事項ヲ議決セシムルコトヲ得

第百二十六條　區會議員ハ町村ノ名譽職トス其ノ定數、任期、選擧權及被選擧權ニ關スル事項ハ前條ノ町村條例中ニ之ヲ規定スヘシ區總會ノ組織ニ關スル事項ニ付亦同シ

區會議員ノ選擧ニ付テハ町村會議員ニ關スル規定ヲ準用ス但選擧人名簿又ハ選擧若ハ當選ノ效力ニ關スル異議ノ決定及被選擧權ノ有無ノ決定ハ町村會ニ於テ之ヲ爲スヘシ

區會又ハ區總會ニ關シテハ町村會ニ關スル規定ヲ準用ス

第百二十七條　第百二十四條ノ場合ニ於テ町村ノ一部郡長ノ處分ニ不服アルトキハ府縣知事ニ訴願スルコトヲ得

第百二十八條　第百二十四條ノ町村ノ一部ノ事務ニ關シテハ本法ニ規定スルモノヽ外勅令ヲ以テ之ヲ定ム

第七章　町村組合

第百二十九條　町村ハ其ノ事務ノ一部ヲ共同處理スル爲其ノ協議ニ依リ府縣知事ノ許可ヲ得テ町村組合ヲ設クルコトヲ得此ノ場合ニ於テ組合内各町村ノ町村會又ハ町村吏員ノ職務ニ屬スル事項ナキニ至リタルトキハ其ノ町村會又ハ町村吏員ハ組合成立ト同時ニ消滅ス
町村ハ特別ノ必要アル場合ニ於テハ其ノ協議ニ依リ府縣知事ノ許可ヲ得テ其ノ事務ノ全部ヲ共同處理スル爲町村組合ヲ設クルコトヲ得此ノ場合ニ於テハ組合内各町村ノ町村會及町村吏員ハ組合成立ト同時ニ消滅ス
公益上必要アル場合ニ於テハ府縣知事ハ關係アル町村會ノ意見ヲ徵シ府縣參事會ノ議決ヲ經内務大臣ノ許可ヲ得テ前二項ノ町村組合ヲ設クルコトヲ得
町村組合ハ法人トス
第百三十條　前條第一項ノ町村組合ニシテ其ノ組合町村ノ數

ヲ増減シ又ハ共同事務ノ變更ヲ爲サムトスルトキハ關係町村ノ協議ニ依リ府縣知事ノ許可ヲ受クヘシ

前條第二項ノ町村組合ニシテ其ノ組合町村ノ數ヲ減少セムトスルトキハ組合會ノ議決ニ依リ其ノ組合町村ノ數ヲ增加セムトスルトキハ其ノ町村組合ト新ニ加ハラムトスル町村トノ協議ニ依リ府縣知事ノ許可ヲ受クヘシ

公益上必要アル場合ニ於テハ府縣知事ハ關係アル町村會又ハ組合會ノ意見ヲ徵シ府縣參事會ノ議決ヲ經內務大臣ノ許可ヲ得テ組合町村ノ數ヲ增減シ又ハ一部事務ノ爲設クル組合ノ共同事務ノ變更ヲ爲スコトヲ得

第百三十一條　町村組合ヲ設クルトキハ關係町村ノ協議ニ依リ組合規約ヲ定メ府縣知事ノ許可ヲ受クヘシ

組合規約ヲ變更セムトスルトキハ一部事務ノ爲ニ設クル組合ニ在リテハ關係町村ノ協議ニ依リ全部事務ノ爲ニ設クル組合

ニ在リテハ組合會ノ議決ヲ經府縣知事ノ許可ヲ受クヘシ
公益上必要アル場合ニ於テハ府縣知事ハ關係アル町村會又ハ組合會ノ意見ヲ徵シ府縣參事會ノ議決ヲ經內務大臣ノ許可ヲ得テ組合規約ヲ定メ又ハ變更スルコトヲ得
第百三十二條　組合規約ニハ組合ノ名稱、組合ヲ組織スル町村、組合ノ共同事務及組合役場ノ位置ヲ定ムヘシ
一部事務ノ爲ニ設クル組合ノ組合規約ニハ前項ノ外組合會ノ組織及組合會議員ノ選擧、組合吏員ノ組織及選任竝組合費用ノ支辨方法ニ付規定ヲ設クヘシ
第百三十三條　町村組合ヲ解カムトスルトキハ一部事務ノ爲ニ設クル組合ニ於テハ關係町村ノ協議ニ依リ全部事務ノ爲ニ設クル組合ニ於テハ組合會ノ議決ニ依リ府縣知事ノ許可ヲ受クヘシ
公益上必要アル場合ニ於テハ府縣知事ハ關係アル町村會又ハ

組合會ノ意見ヲ徵シ府縣參事會ノ議決ヲ經內務大臣ノ許可ヲ得テ町村組合ヲ解クコトヲ得

第百三十四條　第百三十條第一項第二項及前條第一項ノ場合ニ於テ財產ノ處分ニ關スル事項ハ關係町村ノ協議、關係町村ト組合トノ協議又ハ組合會ノ議決ニ依リ府縣知事ノ許可ヲ受クヘシ

第百三十條第三項及前條第二項ノ場合ニ於テ財產ノ處分ニ關スル事項ハ關係アル町村會又ハ組合會ノ意見ヲ徵シ府縣參事會ノ議決ヲ經內務大臣ノ許可ヲ得テ府縣知事之ヲ定ム

第百三十五條　第百二十九條第一項及第二項第百三十條第一項及第二項第百三十一條第一項及第二項第百三十三條第一項竝前條第一項ノ規定ニ依ル府縣知事ノ處分ニ不服アル町村又ハ町村組合ハ內務大臣ニ訴願スルコトヲ得

組合費ノ分賦ニ關シ違法又ハ錯誤アリト認ムル町村ハ其ノ告

知アリタル日ヨリ三月以内ニ組合ノ管理者ニ異議ノ申立ヲ爲スコトヲ得

前項ノ異議ハ之ヲ組合會ノ決定ニ付スヘシ其ノ決定ニ不服アル町村ハ府縣參事會ニ訴願シ其ノ裁決又ハ第四項ノ裁決ニ不服アルトキハ行政裁判所ニ出訴スルコトヲ得

前項ノ決定及裁決ニ付テハ組合ノ管理者ヨリモ訴願又ハ訴訟ヲ提起スルコトヲ得

前二項ノ裁決ニ付テハ府縣知事ヨリモ訴訟ヲ提起スルコトヲ得

第百三十六條　町村組合ニ關シテハ法律勅令中別段ノ規定アル場合ヲ除クノ外町村ニ關スル規定ヲ準用ス

第八章　町村ノ監督

第百三十七條　町村ハ第一次ニ於テ郡長之ヲ監督シ第二次ニ於テ府縣知事之ヲ監督シ第三次ニ於テ内務大臣之ヲ監督ス

第百三十八條　本法中別段ノ規定アル場合ヲ除クノ外町村ノ監督ニ關スル郡長ノ處分ニ不服アル町村ハ府縣知事ニ訴願シ其ノ裁決ニ不服アルトキハ内務大臣ニ訴願スルコトヲ得

第百三十九條　本法中行政裁判所ニ出訴スルコトヲ得ヘキ場合ニ於テハ内務大臣ニ訴願スルコトヲ得ス

第百四十條　異議ノ申立又ハ訴願ノ提起ハ處分決定又ハ裁決アリタル日ヨリ二十一日以内ニ之ヲ爲スヘシ　但本法中別ニ期間ヲ定メタルモノハ此ノ限ニ在ラス

行政訴訟ノ提起ハ處分決定裁定又ハ裁決アリタル日ヨリ三十日以内ニ之ヲ爲スヘシ

異議ノ申立ニ關スル期間ノ計算ニ付テハ訴願法ノ規定ニ依ル

異議ノ申立ハ期限經過後ニ於テモ宥恕スヘキ事由アリト認ムルトキハ仍之ヲ受理スルコトヲ得

異議ノ決定ハ文書ヲ以テ之ヲ爲シ其ノ理由ヲ附シ之ヲ申立人

ニ交付スヘシ

異議ノ申立アルモ處分ノ執行ハ之ヲ停止セス　但行政廳ハ其ノ職權ニ依リ又ハ關係者ノ請求ニ依リ必要ト認ムルトキハ之ヲ停止スルコトヲ得

第百四十一條　監督官廳ハ町村ノ監督上必要アル場合ニ於テハ事務ノ報告ヲ爲サシメ、書類帳簿ヲ徵シ及實地ニ就キ事務ヲ視察シ又ハ出納ヲ檢閲スルコトヲ得

監督官廳ハ町村ノ監督上必要ナル命令ヲ發シ又ハ處分ヲ爲スコトヲ得

上級監督官廳ハ下級監督官廳ノ町村ノ監督ニ關シテ爲シタル命令又ハ處分ヲ停止シ又ハ取消スコトヲ得

第百四十二條　内務大臣ハ町村會ノ解散ヲ命スルコトヲ得

町村會解散ノ場合ニ於テハ三月以内ニ議員ヲ選擧スヘシ

第百四十三條　町村ニ於テ法令ニ依リ負擔シ又ハ當該官廳ノ職

権ニ依リ命スル費用ヲ豫算ニ載セサルトキハ郡長ハ理由ヲ示シテ其ノ費用ヲ豫算ニ加フルコトヲ得

町村長其ノ他ノ吏員其ノ執行スヘキ事件ヲ執行セサルトキハ郡長又ハ其ノ委任ヲ受ケタル官吏吏員之ヲ執行スルコトヲ得但シ其ノ費用ハ町村ノ負擔トス

前二項ノ處分ニ不服アル町村又ハ町村長其ノ他ノ吏員ハ府縣知事ニ訴願シ其ノ裁決ニ不服アルトキハ行政裁判所ニ出訴スルコトヲ得

第百四十四條　町村長、助役、收入役又ハ副收入役ニ故障アルトキハ監督官廳ハ臨時代理者ヲ選任シ又ハ官吏ヲ派遣シ其ノ職務ヲ管掌セシムルコトヲ得但シ官吏ヲ派遣シタル場合ニ於テハ其ノ旅費ハ町村費ヲ以テ辨償セシムヘシ

臨時代理者ハ有給ノ町村吏員トシ其ノ給料額旅費額等ハ監督官廳之ヲ定ム

第百四十五條　左ニ掲クル事件ハ内務大臣ノ許可ヲ受クヘシ
一　町村條例ヲ設ケ又ハ改廢スル事
二　學藝美術又ハ歷史上貴重ナル物件ヲ處分シ又ハ之ニ大ナル變更ヲ加フル事
第百四十六條　左ニ掲クル事件ハ内務大臣及大藏大臣ノ許可ヲ受クヘシ
一　町村債ヲ起シ竝起債ノ方法、利息ノ定率及償還ノ方法ヲ定メ又ハ之ヲ變更スル事　但第百十二條第三項ノ借入金ハ此ノ限ニ在ラス
二　特別税ヲ新設シ增額シ又ハ變更スル事
三　間接國稅ノ附加稅ヲ賦課スル事
四　使用料手數料及加入金ヲ新設シ增額シ又ハ變更スル事
第百四十七條　左ニ掲クル事件ハ郡長ノ許可ヲ受クヘシ
一　基本財產ノ管理及處分ニ關スル事

二　特別基本財產及積立金穀等ノ管理及處分ニ關スル事
三　第九十條ノ規定ニ依リ舊慣ヲ變更又ハ廢止スル事
四　寄附又ハ補助ヲ爲ス事
五　不動產ノ管理及處分ニ關スル事
六　均一ノ稅率ニ依ラスシテ國稅又ハ府縣稅ノ附加稅ヲ賦課スル事
七　第百二條第一項第二項及第四項ノ規定ニ依リ數人又ハ町村ノ一部ニ費用ヲ負擔セシムル事
八　第百四條ノ規定ニ依リ不均一ノ賦課ヲ爲シ又ハ數人若ハ町村ノ一部ニ對シ賦課ヲ爲ス事
九　第百五條ノ準率ニ依ラスシテ夫役現品ヲ賦課スル事　但急迫ノ場合ニ賦課スル夫役ニ付テハ此ノ限ニ在ラス
十　繼續費ヲ定メ又ハ變更スル事

第百四十八條　監督官廳ノ許可ヲ要スル事件ニ付テハ監督官廳

ハ許可申請ノ趣旨ニ反セスト認ムル範圍内ニ於テ更正シテ許可ヲ與フルコトヲ得

第百四十九條　監督官廳ノ許可ヲ要スル事件ニ付テハ勅令ノ定ムル所ニ依リ其ノ許可ノ職權ヲ下級監督官廳ニ委任シ又ハ輕易ナル事件ニ限リ許可ヲ受ケシメサルコトヲ得

第百五十條　府縣知事又ハ郡長ハ町村長、助役、收入役、副收入役、區長、區長代理者、委員其ノ他ノ町村吏員ニ對シ懲戒ヲ行フコトヲ得其ノ懲戒處分ハ譴責、二十五圓以下ノ過怠金及解職トス　但町村長、助役、收入役及副收入役ニ對スル解職ハ懲戒審査會ノ議決ヲ經テ府縣知事之ヲ行フ

懲戒審査會ハ内務大臣ノ命シタル府縣高等官三人及府縣名譽職參事會員ニ於テ互選シタル者三人ヲ以テ其ノ會員トシ府縣知事ヲ以テ會長トス知事故障アルトキハ其ノ代理者會長ノ職務ヲ行フ

府縣名譽職參事會員ノ互選スヘキ會員ノ選擧補闕及任期竝懲戒審査會ノ招集及會議ニ付テハ府縣制中名譽職參事會員及府縣參事會ニ關スル規定ヲ準用ス　但補充員ハ之ヲ設クルノ限ニ在ラス

解職ノ處分ヲ受ケタル者其ノ處分ニ不服アルトキハ郡長ノ處分ニ付テハ府縣知事ニ訴願シ其ノ裁決ニ不服アルトキ又ハ府縣知事ノ處分ニ付テハ内務大臣ニ訴願スルコトヲ得

府縣知事ハ町村長、助役、收入役及副收入役ノ解職ヲ行ハムトスル前其ノ停職ヲ命スルコトヲ得此ノ場合ニ於テハ其ノ停職期間報酬又ハ給料ヲ支給スルコトヲ得ス

懲戒ニ依リ解職セラレタル者ハ二年間市町村ノ公職ニ選擧セラレ又ハ任命セラルルコトヲ得ス

第百五十一條　町村吏員ノ服務紀律、賠償責任、身元保證及事務引繼ニ關スル規定ハ命令ヲ以テ之ヲ定ム

前項ノ命令ニハ事務引繼ヲ拒ミタル者ニ對シ二十五圓以下ノ過料ヲ科スル規定ヲ設クルコトヲ得

第九章　雜則

第百五十二條　郡長ノ職權ニ屬スル事件ニシテ數郡ニ渉ルモノアルトキハ府縣知事ハ關係郡長ノ具狀ニ依リ其ノ事件ヲ管理スヘキ郡長ヲ指定スヘシ其ノ數府縣ニ渉ルモノアルトキハ內務大臣ハ關係府縣知事ノ具狀ニ依リ其ノ事件ヲ管理スヘキ郡長ヲ指定スヘシ

第百五十三條　府縣知事又ハ府縣參事會ノ職權ニ屬スル事件ニシテ數府縣ニ渉ルモノアルトキハ內務大臣ハ關係府縣知事ノ具狀ニ依リ其ノ事件ヲ管理スヘキ府縣知事又ハ府縣參事會ヲ指定スヘシ

第百五十四條　第十一條ノ人口ハ內務大臣ノ定ムル所ニ依ル

第百五十五條　本法ニ於ケル直接稅及間接稅ノ種類ハ內務大臣

及大藏大臣之ヲ定ム

第百五十六條　町村又ハ町村組合ノ廢置分合又ハ境界變更アリタル場合ニ於テ町村ノ事務ニ付必要ナル事項ハ本法ニ規定スルモノヽ外勅令ヲ以テ之ヲ定ム

第百五十七條　本法ハ北海道沖繩縣其ノ他勅令ヲ以テ指定スル島嶼ニ之ヲ施行セス

前項ノ地域ニ付テハ勅令ヲ以テ別ニ本法ニ代ハルヘキ制ヲ定ムルコトヲ得

附則

第百五十八條　本法施行ノ期日ハ勅令ヲ以テ之ヲ定ム

第百五十九條　本法施行ノ際現ニ町村會議員、區會議員又ハ全部事務ノ爲ニ設クル町村組合會議員ノ職ニ在ル者ハ從前ノ規定ニ依ル最近ノ定期改選期ニ於テ總テ其ノ職ヲ失フ

第百六十條　舊刑法ノ重罪ノ刑ニ處セラレタル者ハ本法ノ適

用ニ付テハ六年ノ懲役又ハ禁錮以上ノ刑ニ處セラレタル者ト看做ス　但復權ヲ得タル者ハ此ノ限ニ在ラス

舊刑法ノ禁錮以上ノ刑ハ本法ノ適用ニ付テハ禁錮以上ノ刑ト看做ス

第百六十一條　本法施行ノ際必要ナル規定ハ命令ヲ以テ之ヲ定ム

明治四十四年四月十七日印刷
明治四十四年四月二十日發行

（定價金八錢）

編輯兼發行者　田山宗堯
東京市日本橋區數寄屋町一番地

印刷者　守岡功
東京市本所區番場町四番地

發行所　警眼社
東京市日本橋區數寄屋町一番地

地方自治法研究復刊大系〔第234巻〕

改正 市制町村制〔明治44年初版〕

日本立法資料全集 別巻 1044

2017(平成29)年9月25日　復刻版第1刷発行　7644-2:012-010-005

編　輯　田　山　宗　堯
発行者　今　井　貴
　　　　稲　葉　文　子
発行所　株式会社信山社

〒113-0033 東京都文京区本郷6-2-9-102東大正門前
Ⓣ03(3818)1019　Ⓕ03(3818)0344
来栖支店〒309-1625 茨城県笠間市来栖2345-1
Ⓣ0296-71-0215　Ⓕ0296-72-5410
笠間才木支店〒309-1611 笠間市笠間515-3
Ⓣ0296-71-9081　Ⓕ0296-71-9082

印刷所　ワイズ書籍
製本所　カナメブックス
用　紙　七洋紙業

printed in Japan　分類 323.934 g 1044

ISBN978-4-7972-7644-2 C3332 ¥24000E

日本立法資料全集 別巻

地方自治法研究復刊大系

市町村執務要覧 全 第一分冊〔明治42年6月発行〕／大成会編輯局 編輯
市町村執務要覧 全 第二分冊〔明治42年6月発行〕／大成会編輯局 編輯比較研究
自治要義 明治43年再版〔明治43年3月発行〕／井上友一 著
自治之精髄〔明治43年4月発行〕／水野錬太郎 著
市制町村制講義 全〔明治43年6月発行〕／秋野沆 著
改正 市制町村制講義 第4版〔明治43年6月発行〕／土清水幸一 著
地方自治の手引〔明治44年3月発行〕／前田宇治郎 著
新旧対照 市制町村制 及 理由 第9版〔明治44年4月発行〕／荒川五郎 著
改正 市制町村制 附 改正要義〔明治44年4月発行〕／田山宗堯 編輯
改正 市町村制問答説明 明治44年初版〔明治44年4月発行〕／一木千太郎 編纂
改正 市制町村制〔明治44年4月発行〕／田山宗堯 編輯
旧制対照 改正市町村制 附 改正理由〔明治44年5月発行〕／博文館編輯局 編
改正 市制町村制〔明治44年5月発行〕／石田忠兵衛 編輯
改正 市制町村制詳解〔明治44年5月発行〕／坪谷善四郎 著
改正 市制町村制註釈〔明治44年5月発行〕／中村文城 註釈
改正 市制町村制正解〔明治44年6月発行〕／武知彌三郎 著
改正 市町村制講義〔明治44年6月発行〕／法典研究会 著
新旧対照 改正 市制町村制新釈 明治44年初版〔明治44年6月発行〕／佐藤貞雄 編纂
改正 町村制詳解〔明治44年8月発行〕／長峰安三郎 三浦通太 野田千太郎 著
新旧対照 市制町村制正文〔明治44年8月発行〕自治館編輯局 編纂
地方革新講話〔明治44年9月発行〕西内天行 著
改正 市制町村制釈義〔明治44年9月発行〕／中川健蔵 宮内國太郎 他 著
改正 市制町村制正解 附 施行諸規則〔明治44年10月発行〕／福井淳 著
改正 市制町村制講義 附 施行諸規則 及 市町村事務摘要〔明治44年10月発行〕／樋山廣業 著
新旧比照 改正市制町村制註釈 附 改正北海道二級町村制〔明治44年11月発行〕／植田鹽恵 著
改正 市町村制 並 附属法規〔明治44年11月発行〕／楠綾雄 編輯
改正 市制町村制精義 全〔明治44年12月発行〕／平田東助 題字 梶康郎 著述
改正 市制町村制義解〔明治45年1月発行〕／行政法研究会 講述 藤田謙堂 監修
増訂 地方制度之栞 第13版〔明治45年2月発行〕／警眼社編集部 編纂
地方自治 及 振興策〔明治45年3月発行〕／床次竹二郎 著
改正 市制町村制正解 附 施行諸規則 第7版〔明治45年3月発行〕福井淳 著
自治之開発訓練〔大正元年6月発行〕／井上友一 著
市制町村制逐條示解〔初版〕第一分冊〔大正元年9月発行〕／五十嵐鑛三郎 他 著
市制町村制逐條示解〔初版〕第二分冊〔大正元年9月発行〕／五十嵐鑛三郎 他 著
改正 市町村制問答説明 附 施行細則 訂正増補3版〔大正元年12月発行〕／平井千太郎 編纂
改正 市制町村制註釈 附 施行諸規則〔大正2年3月発行〕／中村文城 註釈
改正 市町村制正文 附 施行法〔大正2年5月発行〕／林甲子太郎 編輯
増訂 地方制度之栞 第18版〔大正2年6月発行〕／警眼社 編集 編纂
改正 市制町村制詳解 附 関係法規 第13版〔大正2年7月発行〕／坪谷善四郎 著
改正 市制町村制 第5版〔大正2年7月発行〕／修学堂 編
細密調査 市町村便覧 附 分類官公衙公私学校銀行所在地一覧表〔大正2年10月発行〕／白山榮一郎 監修 森田公美 編著
改正 市制 及 町村制 訂正10版〔大正3年7月発行〕／山野金蔵 編輯
市制町村制正義〔第3版〕第一分冊〔大正3年10月発行〕／清水澄 末松偕一郎 他 著
市制町村制正義〔第3版〕第二分冊〔大正3年10月発行〕／清水澄 末松偕一郎 他 著
改正 市制町村制 及 附属法令〔大正3年11月発行〕／市町村雑誌社 編著
以呂波引 町村便覧〔大正4年2月発行〕／田山宗堯 編輯
改正 市制町村制講義 第10版〔大正5年6月発行〕／秋野沆 著
市制町村制実例大全〔第3版〕第一分冊〔大正5年9月発行〕／五十嵐鑛三郎 著
市制町村制実例大全〔第3版〕第二分冊〔大正5年9月発行〕／五十嵐鑛三郎 著
市町村名辞典〔大正5年10月発行〕／杉野耕三郎 編
市町村吏員提要 第3版〔大正6年12月発行〕／田邊好一 著
改正 市制町村制と衆議院議員選挙法〔大正6年2月発行〕／服部喜太郎 編輯
新旧対照 改正 市制町村制新釈 附 施行細則 及 執務條規〔大正6年5月発行〕／佐藤貞雄 編纂
増訂 地方制度之栞 大正6年第44版〔大正6年5月発行〕／警眼社編輯部 編纂
実地応用 町村制問答 第2版〔大正6年7月発行〕／市町村雑誌社 編纂
帝国市町村便覧〔大正6年9月発行〕／大西林五郎 編
地方自治講話〔大正7年12月発行〕／田中四郎左右衛門 編輯
最近検定 市町村名鑑 附 官国幣社及諸学校所在地一覧〔大正7年12月発行〕／藤澤衛彦 著
農村自治之研究 明治41年再版〔明治41年10月発行〕／山崎延吉 著

信山社